SUDAMÉRICA:
LA NUEVA CENTRO IZQUIERDA

¿Estado de bienestar o demagogia?

Jorge Zicolillo

SUDAMÉRICA: LA NUEVA CENTRO IZQUIERDA

¿Estado de bienestar o demagogia?

CONJURAS

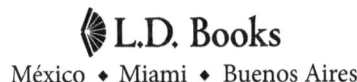 L.D. Books
México ◆ Miami ◆ Buenos Aires

Sudamérica: la nueva centro izquierda
© Jorge Zicolillo, 2012

L.D. Books

D. R. © Editorial Lectorum, S. A. de C. V., 2012
Batalla de Casa Blanca Manzana 147 Lote 1621
Col. Leyes de Reforma, 3a. Sección
C. P. 09810, México, D. F.
Tel. 5581 3202
www.lectorum.com.mx
ventas@lectorum.com.mx

L. D. Books, Inc.
Miami, Florida
ldbooks@ldbooks.com

Primera edición: abril de 2012
ISBN: 978-1502-781758

Colección **CONJURAS**

D. R. © Portada: Mariel Mambretti

Introducción

Nunca fue sencillo definir políticamente los términos *derecha* e *izquierda*. Ni siquiera Carlos Marx lo hizo. El pensador alemán hablaba de "burguesía" y "proletariado", reservándole a la clase media la denominación de "pequeña burguesía", una subclase que, a juicio del autor de *El Capital*, carecía de ideología propia. Y si todavía en la década de 1970 los términos tenían alguna carnadura, hoy ya no superan el umbral de la simplificación. Los utilizaremos, sin embargo, a falta de otra definición que no necesite de un extenso tratado de teoría política para conceptualizarla.

Sentada esta prevención, habrá que admitir que a partir de 1999 se produjo en varios países del sur de América un giro político curioso. Curioso por la masividad, no porque no hubiese ocurrido antes en algunos de ellos. Lo novedoso es que ocho países de la región eligieron gobiernos de centro izquierda y que, desde ese año hasta hoy, sólo Chile haya cambiado de signo político, menos por méritos de la derecha que por incapacidad del frente centro izquierdista que designó como candidato a Eduardo Frei, un dirigente más identificado con el neoliberalismo pinochetista que con el keynesianismo de centro izquierda.

¿A qué causas respondió este fenómeno?

¿Qué fue lo que empujó un giro colectivo de tamaña envergadura cuando el sempiterno espejo europeo viraba en sentido inverso?

Como casi siempre, las razones son múltiples, y hasta contradictorias, pero vale la pena analizarlas para intentar comprender si, en efecto, ha nacido un nuevo bloque regional capaz de discutir, de ahora en más, el rumbo de la política internacional, o si, en cambio, es apenas el producto fugaz de una época de reconfiguraciones planetarias.

Si la respuesta fuese esta última, sólo sería una cuestión de número sin mayores trascendencias (ni de tiempo ni estructurales) en el juego de alternancias que a menudo se suelen dar al sur del Río Grande.

Si la respuesta fuese la primera, entender el fenómeno latinoamericano debería conducir, con pocas escalas, a predecir el rumbo de la política y la economía global para las próximas décadas.

Con la ventaja y el inconveniente de estar aún sumergidos en este particular fenómeno, trataremos de trazar un panorama general de éste, señalar sus líneas coincidentes (que las hay, incluso con voluntad de asociación entre varios países) y las aristas particulares. Respecto de estas últimas, y como tratamos de plantear sólo una especie de introito a un fenómeno continental, deberemos dedicar apenas unos someros esbozos a los casos específicos de cada país.

Será en suma como un balance provisional de una opción que décadas atrás se intentó por vías cruentas, con resultados generalmente dolorosos, y que ahora reviste la vía democrática tradicional, lo que de algún modo pone todo el proceso dentro de una mayor coraza respecto de las críticas externas, sobre todo de las potencias hegemónicas.

Al concluir algunos capítulos introduciremos un subtítulo final (*Mal de muchos*) para referir pesares que los países aquí aludidos o muchos de América Latina arrastran en común.

Esperamos que estas líneas sirvan de introducción a esta singular manifestación de las voluntades de varios pueblos, es decir, de millones de almas que, o han volcado en ella sus mayores anhelos, o la observan con el ojo crítico de quien ha vivido ya varias decepciones y, a la vez, todavía quiere permitirse soñar.

Capítulo 1

LA ECONOMÍA, ¿EN MANOS DE QUIÉN?

"¡Es la economía, estúpido!"
James Carville, asesor del demócrata
Bill Clinton, 1992.

La frase arriba citada comenzó siendo un apunte interno de los demócratas norteamericanos, para recordar los ítems sobre los que debían cabalgar para que Clinton derrotara a Bush padre en las elecciones presidenciales (los tres puntos eran: "Cambio versus más de lo mismo /La economía, estúpido / No olvidar el sistema de salud"). Pero pronto esas tres palabras ("The economy, stupid") del ayudamemoria recibieron el aporte de un verbo, y las cuatro nuevas palabras cobraron una magnitud insospechada. Se vieron transformadas en una sentencia (tal como aparece arriba) y se hicieron célebres como aludiendo al trasfondo de todo proceso político-social, más allá de las coyunturas circunstanciales.

Y de algún modo, al nuevo sentido de la frase le asiste razón. Es la economía, efectivamente, la que hace a los pueblos felices o desgraciados. Pero habría que especificar la segunda parte de la ecuación: la economía es una herramienta que manejada por la política puede sanar llagas, pero que cuando está sólo en manos de las corporaciones las provoca, pues en ese juego el hombre es, apenas, un dato menor en la relación costo-beneficio.

Bien lo supieron estos ocho países latinoamericanos que, al igual que otros de la región, debieron probar repetidas veces la amarga medicina que el Fondo Monetario Internacional prescribe cuando (¡oh, paradoja!) sus propias recetas precipitan la crisis.

Recién ahora, en el momento de revisar estos renglones, algunos países de Europa como Grecia, Irlanda, Italia, Portugal y España comenzaron a experimentar en carne propia las brutales

13

heridas que los "ajustes" fondomonetaristas generan en el tejido social de un país.

Argentina pisó los umbrales del infierno en 2001, cuando el 60% de su población se hundió en la pobreza, el 30% era indigente y la desocupación perforaba el techo del 25%. El entonces presidente Fernando De la Rúa, un aplicado discípulo del Fondo, debió abandonar la Casa de Gobierno en helicóptero, mientras a sus pies, en la Plaza de Mayo, la policía asesinaba a más de treinta personas que, cacerola en mano, reclamaban poder trabajar y comer.

En Uruguay, un año más tarde, la profunda recesión y la fuga de capitales auspiciada por los bancos y determinada por la política fondomonetarista del presidente Jorge Batlle, desataron una ola de saqueos a comercios y supermercados por parte de una población desesperada y hambrienta.

Ecuador ya había tenido lo suyo en febrero de 1996 cuando las masas obreras salieron a la calle a repudiar al presidente Abdalá Bucaram, responsable del plan económico ecuatoriano, recomendado por el Fondo, que había hundido a buena parte de la sociedad en la pobreza.

El mismo año, en Venezuela, envuelta en una lacerante crisis económica, tras la aplicación de la receta del FMI, que devaluó el bolívar en un 70%, aumentó el precio de los combustibles 800% y el IVA en un 16%, gigantescas manifestaciones recorrieron las calles de Caracas y se multiplicaron en el resto de las regiones del país, abriendo el camino para que un par de años después, inguno de los dos partidos que se habían repartido el gobierno durante cuarenta años, Acción Democrática y el COPEI, pudiesen sentar a alguno de sus hombres en el sillón presidencial.

En Paraguay, uno de los países más pobres de Sudamérica, el 15 de agosto de 2008 concluyeron cincuenta y cinco años de gobierno del Partido Colorado, fundado por el dictador Alfredo Stroessner. El final, empero, no fue cualquiera. Nicanor Duarte Frutos concluyó un mandato que había llevado al país a tal estado de pobreza que el Estado no disponía, siquiera, del dinero necesario para vacunar a la población, víctima de un brote de fiebre amarilla, una enfermedad desaparecida en Occidente en la primera década del siglo XX.

Pero en 2008, una noticia que pocos imaginaban recorrió el mundo: una crisis económico-financiera sin antecedentes después de la gran depresión de la década de 1930 se abatía sobre el mismísimo Estados Unidos. Dejemos que un norteamericano, el Premio Nobel de Economía Joseph Stiglitz nos la sintetice:

"En la gran recesión que comenzó en 2008, millones de personas en Estados Unidos y en todo el mundo perdieron sus hogares y sus empleos. Muchos otros padecieron la angustia y el miedo de que les ocurriera lo mismo [...] Una crisis que comenzó en Estados Unidos muy pronto se hizo global, a medida que decenas de millones de personas en todo el mundo perdían sus empleos –20 millones sólo en China– y decenas de millones caían en la pobreza".

Estados Unidos no estaba atado a las exigencias del Fondo Monetario –por el contrario, lo maneja–; no era ahogado por sus acreedores respecto de la deuda externa como sí les ocurrió, en especial, a casi todos los pequeños estados centroamericanos; y era el "padre" y principal impulsor en el mundo del modelo neoconservador; ¿qué sucedió, entonces?

Regresemos a Stiglitz:

"En larga lista de responsables [de la crisis], lo natural es empezar por abajo, por los originadores de las hipotecas. Las empresas hipotecarias habían colocado exóticas hipotecas a millones de personas, muchas de las cuales no sabían dónde se estaban metiendo. Pero las empresas hipotecarias no habrían podido cometer sus desaguisados sin la ayuda y la complicidad de los bancos y de las agencias de calificación. Los bancos compraban las hipotecas y las revendían en paquetes a inversores incautos [...] Habían creado nuevos productos que, aunque se pregonaban como instrumentos para gestionar el riesgo, eran tan peligrosos que amenazaban con echar abajo el sistema financiero estadounidense. Las agencias de calificación, que debían haber puesto coto al crecimiento de estos activos tóxicos, por el contrario, le dieron su sello de aprobación…".

Un sistema financiero desregulado, lanzado a un voraz negocio especulativo a través de las hipotecas inmobiliarias, parece ser el origen de la crisis. Sin embargo, ella es la consecuencia de una situación anterior, y más profunda, que hace foco en la economía y no en las finanzas. El salario del norteamericano medio no crecía, se había estancado, como producto de la concentración económica, y la única forma de mantener el consumo era endeudándose: hipotecarse fue una de las formas, tal cual subraya el propio Stiglitz.

Un verdadero tsunami económico-social había recorrido el continente de sur a norte. En algo más de una década, el modelo neoconservador que se asentó con firmeza en casi todo el planeta a partir de mediados de los años 80 mostraba su rostro espectral. Ni la potencia dominante pudo escapar a los zarpazos de un diseño capitalista que atentaba contra sus propios fundamentos: el aumento del consumo origina aumento de producción y mayor ganancia. El post industrialismo, por el contrario, afirmaba sus cimientos en las finanzas: el dinero como creador de dinero.

La experiencia de los años en que los capitales fluían hacia los países centrales, producto de la deuda externa de los subdesarrollados, había terminado. Y no era ésa la única novedad que traía bajo el brazo el siglo XXI.

Los que se van, los que vienen

Corporatocracia fue un término acuñado allá por los años 90 por el Movimiento de Justicia Global, y define el modo de gobierno en el que el Estado les cede a las grandes corporaciones el manejo de la economía y la política de un país.

El modelo que, desde ya, marcha a contrapelo de lo que debe ser la "democracia" (gobierno del pueblo) es sin embargo el predominante en América Latina desde hace, al menos, veinte años.

El proceso de concentración de poder económico y político de las grandes corporaciones, la mayoría transnacionales, se inició cuando los países latinoamericanos, acorralados por una gigantesca deuda externa y con la imprescindible necesidad de refinanciarla, debieron aceptar las condiciones impuestas por el Consenso de Washington a través de los organismos de crédito internacionales; sobre todo la privatización de sus empresas públicas.

Como es de suponer, esas empresas que administraban los Estados nacionales se vinculaban con servicios públicos (la mayoría esenciales) como el agua, el transporte, las telecomunicaciones, la energía, la seguridad social (jubilaciones y pensiones) y, tangencialmente, las finanzas.

Perdidos los resortes fundamentales que hacen a la vida cotidiana de una sociedad, los distintos gobiernos que fueron ungidos en la región, vaciados de poder político, debieron resignarse a obedecer a los centros de poder económico, en el extranjero, y a las corporaciones en el interior de los países. Las grandes empresas se constituyeron, entonces, en los nuevos gobernantes, sin rostro y sin votos. Pero no sólo eso.

Los nuevos propietarios del poder, temerosos sólo de los desbordes populares, necesitaban construir "sentido común" y "relato"; dicho más académicamente: *ideología*. Era imprescindible que las sociedades admitieran como cierto el precepto de que "el Estado es ineficiente por naturaleza" mientras que "los privados" (léase, *las corporaciones*) y el "libre mercado" (de nuevo *las corporaciones*) generan riqueza y bonanza económica en los países. Para ello, debían asegurarse el control y la concentración de las empresas periodísticas. En suma, garantizarse el discurso único.

Dice Ignacio Ramonet, hablando del poder y la comunicación:

"... cabría preguntarse cuáles son realmente los tres poderes. Ya se aprecia que no son precisamente los de la clasificación tradicional: legislativo, ejecutivo, judicial. El primero de todos los poderes es el poder económico. Y el segundo ciertamente es el poder mediático...".

Generadoras de "sentido" y dueñas de los resortes claves que hacen a la vida en sociedad, la corporaciones se apropiaron del poder político que debía estar en manos de los representantes del pueblo, los que, sin embargo, con poca pudicia continuaron pidiéndoles el voto a los ciudadanos, para entregarlo luego a los CEO de las cuatro o cinco grandes empresas que serían quienes, efectivamente, habrían de gobernar.

Huelga decir que los intereses que mueven a corporaciones y ciudadanos son diametralmente diferentes, para no decir que, con frecuencia, están en las antípodas.

Esta situación, que había llegado a naturalizarse a lo largo de la década de los 90 en América Latina, y por supuesto en los países que nos ocupan, tuvo un punto de inflexión a partir de las crisis económicas sucesivas, y alcanzó su máxima expresión en Argentina, en los últimos días de diciembre de 2001.

La clase media, normalmente la más colonizada por el discurso dominante, salió a la calle golpeando cacerolas al grito de: "¡Que se vayan todos!".

Se referían, claro, a los políticos, porque el nivel de conciencia, aún, no superaba lo visible.

Buena parte de ese sector social había sido una víctima importante, por primera vez en su historia, del flagelo de la desocupación y, por añadidura, la exigencia de los acreedores externos para que el país pagase los intereses de una deuda que no había disminuido ni siquiera con la entrega de todas las empresas públicas condujo al gobierno de Fernando de la Rúa a incautar los ahorros que esa clase social tenía en los bancos. Bancos que, por supuesto, fugaron el dinero al exterior.

Pronto, las cacerolas y las consignas de repudio a la clase política fueron apropiadas por las clases medias y bajas de otros países del subcontinente, y las dirigencias políticas tradicionales se hallaron de súbito en una trampa de hierro: carecían de margen para seguir sirviendo a las corporaciones, pero no podían hacer otra cosa.

Una mirada desatenta hubiese llegado a la conclusión de que tamaño reclamo conllevaba la partida de defunción de la política, algo por lo que había venido bregando el neoconservadorismo. Pero era, en cambio, lo contario, si bien los reclamantes mismos aún no lo sabían.

Para los poderes económicos internacionales, aquellas jornadas de diciembre y los turbulentos meses que le siguieron significaron un alerta que era preciso atender con cuidado. Argentina había entrado en default de su deuda externa; "piqueteros" (activistas obreros o desocupados) y clase media marchaban por las calles enardecidos y atacaban las vidrieras de los bancos. Y, tan grave como eso, los políticos, encargados de reprimirlos o domesticarlos, habían desaparecido. En medio de la crisis, cinco presidentes interinos habitaron la Casa Rosada en una semana. Cuatro fugaron, aterrorizados ante la furia popular.

Para los gobernantes sin rostro y sin votos había, además, dos datos que agregaban leña al fuego: a miles de kilómetros de Buenos Aires gobernaba ya quien pronto sería la "bestia negra", Hugo Chávez Frías; y más cerca, compartiendo fronteras, Inácio "Lula" da Silva, un tornero revoltoso y barbado, acababa de ganar las elecciones en Brasil.

A ninguno de los dos les calzaba bien el traje de gerente.

¿Había llegado el temible populismo?

Con maravilloso poder de síntesis, Ernesto Laclau lo resume así:

"¿Cuándo se produce una ruptura populista? La condición ineludible es que haya tenido lugar una dicotomización del espacio social, que los actores se vean a sí mismos como partícipes de uno u otro de dos campos enfrentados. Construir al pueblo como actor colectivo significa apelar a 'los de abajo', en una oposición frontal con el régimen existente. Esto implica que, de una u otra forma, los canales institucionales existentes para la vehiculización de las demandas sociales han perdido su eficacia y legitimidad…".

Lo que oyes, lo que lees, lo que ves

Jenaro Villamil es un politólogo mexicano que se ha especializado en el estudio de audiencia y comunicación política. Sin dudas, este egresado de la UNAM (Universidad Nacional Autónoma de México) es uno de los hombres que más y mejor conoce la vida de las empresas multimediáticas del continente.

En un documentado trabajo, publicado por *Wordpress*, el investigador arrimó algunas cifras que permiten dar cuenta de cómo se estructuran el discurso, el relato y la producción de sentido común en toda América, en especial en América Latina. En el subcontinente, demuestra, existen sólo nueve grupos multimediáticos que controlan televisión, radio, cine, Internet y televisión por cable, tanto como periódicos y revistas: Televisa y TV y Azteca, de México; *O'Globo* y *Folha*, de Brasil; *Clarín*, de Argentina; *El Mercurio*, de Chile; el Grupo Cisneros, de Venezuela; y Bavaria y *Tiempo*, de Colombia. A ellos se suman, como inversionistas europeos, el grupo Prisa y Recoletos.

Este pequeño conglomerado latinoamericano reproduce, tal cual informa Villamil, el 60% de los contenidos generados por los seis grandes pulpos globales: Time Warner, Walt Disney, News Corp., Viacom-CBS, Vivendi-Universal y la alemana Bertelsmann.

A su vez, las "seis grandes hermanas" globales dominan el 60% de los servicios audiovisuales, Internet y telefonía.

Pero regresando a Latinoamérica, dice Villamil:

"... sólo el Grupo Televisa tiene una capacidad de producción propia que la convierte en el consorcio más importante de habla hispana: 53 000 horas anuales de programación (entre 2007 y 2008), de las cuales el 67% se exporta hacia el resto del continente, Estados Unidos y España [...] Sólo el grupo brasileño O'Globo rivaliza con el tamaño y la expansión de Televisa. El consorcio multimediático de Roberto Marinho posee 107 emisoras televisivas en su país, pero es también propietario del periódico de mayor circulación, O'Globo, con un tiraje promedio de 350 000 ejemplares diarios y posee la red radiofónica más grande de Brasil con 20 emisoras afiliadas".

Por su parte, el grupo venezolano de Gustavo Cisneros es el más poderoso en Sudamérica, concentrado también a la audiencia colombiana a través de la Cadena Caracol, la más grande de ese país.

En Argentina, el Grupo Clarín cuenta con cerca de 246 señales entre radios, televisión abierta y televisión por cable.

No suena casual, entonces, que *O'Globo* sea en Brasil el mayor opositor al gobierno, primero de Lula y luego de Dilma Rousseff; así como que *Clarín* lidere a la oposición más cerril de Argentina en contra de los gobiernos de Néstor y Cristina Kirchner. En Venezuela, ya se sabe, el *Grupo Cisneros* capitaneó el intento de golpe de Estado contra Hugo Chávez, y en Chile, *El Mercurio* fue la principal tribuna de la derecha, tanto en dictadura como en democracia.

Concluye Jenaro Villamil:

"Por último, es difícil hablar del panorama de concentración mediática en América Latina sin tomar en cuenta al *holding* de medios impresos, radio y televisión más grande de España, el Grupo Prisa, fundado en 1976 por Jesús de Polanco y que desde finales de la década de los noventa intensificó su presencia en América Latina, a través de sociedades con grupos fuertes, como Televisa, la expansión de sus editoriales Santillana, Planeta, Alfaguara y la creación del Grupo Latino de Radiodifusión con sociedades en Colombia, México, Chile, Bolivia, Panamá, Costa Rica y Estados Unidos".

Hasta aquí, una rápida mirada sobre quienes tienen la tarea de crear en América Latina "discurso", "relato", "sentido", en definitiva: *ideología*; quienes deben lograr que el ciudadano común apoye políticas que van en contra de sus propios intereses.

En 1801, Antoine-Louis-Claude Destutt comenzó a publicar *Elementos de la ideología*, una tarea que se prolongó durante los siguientes catorce años y que dio por resultado cuatro gruesos volúmenes en los que el aristocrático intelectual que adhirió a la Revolución Francesa pretendía construir las bases de una nueva ciencia: la ciencia de las ideas.

La ideología, según su criterio, debía dedicarse a desentrañar la relación existente entre el hombre y la naturaleza; relación que devenía en la construcción de las ideas.

Pero fue Carlos Marx quien, en verdad, le dio contenido al término, tal cual se lo conoce hoy: la ideología como un conjunto de ideas que pretende explicar y conservar o transformar un determinado sistema político-económico-social.

Friedrich Engels avanzó un paso más e incorporó un concepto que Marx ya había esbozado: la "falsa conciencia"; o sea, lo que defienden los individuos pese a que dicha defensa atenta contra sus propios intereses en función de sus condiciones materiales de vida.

Según Engels, la ideología dominante no sería otra cosa que la imposición de una falsa conciencia sobre una gran mayoría de la población por parte de la clase social dominante, propietaria y beneficiaria de la ideología así creada.

El paso de la falsa conciencia a la verdadera sería, para los ciudadanos del siglo XXI, lo que para los franceses del XVIII: comprender que el rey no ocupa el trono por decisión divina, y que enfrentarlo no es enfrentarse a Dios. Y como se ve, en ese trayecto la misión de los grupos multimediáticos está muy lejos de ser menor.

El gato y el ratón

Si la globalización introdujo en América Latina novedades tan importantes como el acceso a las nuevas tecnologías casi al unísono con los países que la desarrollaban; si rompió barreras comerciales que en otro tiempo le imponían un alineamiento ideológico-político o, lisa y llanamente, arancelario, esa globalización también le trajo otras consecuencias.

Entre las más importantes estuvo la captura de sus mercados internos a manos de las megaempresas transnacionales que fueron absorbiendo o eliminando a miles de pequeñas y medianas compañías, así como a otras grandes, pero de capital nativo.

Al fenómeno se lo conoció como *extranjerización*, pero en verdad era mucho más que eso. No se trataba de cuál fuese la bandera que flameaba detrás de cada empresa, sino de cómo cada una de ellas incidía en las decisiones soberanas del Estado.

Dos prestigiosos pensadores argentinos, el economista Eduardo Basualdo y el sociólogo Miguel Khavisse, retratando la situación de su país, apuntaron un dato decisivo para la comprensión del fenómeno.

Dicen, refiriéndose a este grupo de grandes empresas que pasaron a controlar el poder en Argentina:

"Dicha cúpula no ejercía el predominio sobre el proceso económico por ser, únicamente, decenas de algunas de las grandes empresas industriales; ni siquiera por ser los propietarios de algunas de ellas con varias plantas fabriles, sino por controlar conjuntos de empresas; estos conjuntos contienen los de mayores ventas industriales, actuando en los más diversos sectores económicos, con la siguiente particularidad: todas son propiedad de los mismos accionistas".

De tal manera, tal cual concluyen los autores, este pequeño y selecto "club" patronal, ya no puede dedicarse exclusivamente a proteger los intereses de un sector particular de la actividad empresarial; necesita controlar la economía en su conjunto.

Para hacerlo, es preciso que el gobierno de turno (poderes ejecutivo y legislativo) implemente políticas que sirvan a sus intereses, más allá del daño social que infrinjan.

En algunos países como Panamá, por ejemplo, ni siquiera hizo falta en los últimos años el simulacro republicano. Ricardo Martinelli asumió el gobierno en nombre de los empresarios y, siendo él mismo un poderoso magnate, se vanagloria de cobrar por su trabajo −el de presidente− un solo dólar por mes porque, desde luego, no es el pueblo quien le paga por sus servicios.

En términos económicos, la relación que existe entre las grandes transnacionales y los diferentes Estados latinoamericanos es decididamente desproporcionada.

La anglo-holandesa Shell, por ejemplo, tuvo en el año 2010 una facturación global de 458 661 millones de dólares, obteniendo un beneficio neto de 26 277 millones de dólares. En el 2010, el PBI de Argentina fue de 596 000 millones de dólares; el de Uruguay, de 43 199 millones de dólares; el de Bolivia, de 47 980 millones de dólares; el de Brasil, de 2 190 000 millones.

Vale decir que, al menos en estos cuatro ejemplos, sólo Brasil y Argentina (por poco), superan la facturación anual del gigante petrolero. Uruguay y Bolivia, en cambio, apenas producen económicamente un 10% de lo que factura Shell.

Es fácil imaginar, entonces, la capacidad de negociación que tienen los Estados frente a transnacionales, capaces de alzar sus petates de un día para el otro, retirarse del país y dejar un tendal de desocupados, además de un brutal agujero en el suministro de lo que producen.

Esa capacidad es la misma que pueden tener el gato y el ratón.

La balanza rota

La segunda pata de la pinza que se ciñe sobre el cuello de los gobiernos de la América subdesarrollada está conformada por una combinación típica de ese subdesarrollo: la relación en los términos de intercambio y la dependencia de las importaciones.

Por incapacidades propias y por acciones (dictaduras militares incluidas) del poder económico internacional (primero las potencias europeas y luego Estados Unidos), América Latina redujo su participación en el comercio mundial a la provisión de materias primas, sean éstas metales, granos o carne; vale decir, productos con escaso valor agregado que, de hecho, tornaban primarias dichas economías. Y éstas necesariamente dependían de las importaciones para conseguir productos más elaborados.

Así, los términos de intercambio entre la periferia y los países centrales eran decididamente desfavorables para los primeros por dos cuestiones: el precio de la materia prima es siempre inferior al del producto elaborado, y la generación de empleo en una economía que casi no agrega valor es escasa.

Hacia mediados de los años 50, varios países de Latinoamérica, conscientes de semejante limitación, comenzaron un proceso de sustitución de importaciones a partir del fomento económico a las incipientes industrias, pero la irrupción de dictaduras militares abortó el proceso reprimarizando la economía primero, y sumándola a la desregulación y apertura de mercados, más tarde, ya con gobiernos electos.

Al concluir los años 90, con la evidencia de la devastación que produjo la deuda externa en la mayoría de los países de Latinoamérica, y con la llegada de la centro izquierda política al sur del continente, el proceso de sustitución de importaciones se puso en marcha una vez más, pero el camino es largo y el proceso, lento.

En el "mientras tanto", la situación primero descrita sigue vigente.

El aumento de exportaciones industriales se diluye y aun se vuelve negativo, en virtud de que los insumos necesarios para que las industrias locales produzcan deben ser adquiridos en el exterior, con lo cual los benéficos efectos de la exportación en la balanza de pagos se invierten, al aumentar las importaciones.

Por el momento, siguen siendo los productos primarios los que engrosan reservas y le dan un giro positivo a la ecuación ingresos-egresos, pero siempre transitando por el delgado desfiladero del precio que esos productos (alimentos, en general) conserven en el mercado internacional. Si se derrumban, la ecuación se desmorona.

Este proceso tiene además su costado perverso, ya que mientras el precio de granos, carnes y minerales está en alza, desincentiva la inversión y el desarrollo industrial.

¿Será posible domesticar el fiel de la balanza?

Capítulo 2
La "Revolución Bolivariana"

"No es lo mismo hablar de revolución democrática
que de democracia revolucionaria. El primer concepto
tiene un freno conservador; el segundo es liberador".

Hugo Chávez

Aunque no son "todos", como dice el refrán, sí es cierto que hay
varios y diversos caminos que conducen a Roma. Delicias de
la heterodoxia que, libre de prejuicios, dogmas y preconceptos,
permite marchar en pos de un objetivo por los senderos que mejor luzcan y más convengan.

Aquí, en el sendero elegido, radica parte de la controversia
que han generado a derecha e izquierda los regímenes políticos instalados en el sur de América entre finales del siglo XX
y comienzos del XXI. Son "populistas marxistoides" para los
neoliberales o bonapartistas y "reaccionarios" para la izquierda
tradicional ("reaccionarios y retrógrados", según James Petras).

Son desconcertantes, en todo caso. Están lejos de Felipe Cal-
derón y su "feliz" alineamiento con los Estados Unidos a través del
NAFTA, y lejos también de la Nicaragua sandinista de los años 80.

Por caminos diversos, esta nueva centro izquierda, o izquierda democrática sudamericana, logró mejoras en el nivel de vida
de los más desposeídos como pocas veces en la historia regional
había sucedido. Sin ir más lejos, sólo Brasil incorporó al consumo a 26 millones de habitantes, que estaban hasta entonces
excluidos del mercado interno.

Pero antes de entrar en especificidades, es importante consig-
nar que, con la excepción de Chávez, ninguno de los presidentes
de los ocho países en cuestión prometió alejarse del capitalismo.
Digamos de paso que, hasta el momento en que revisamos estas
líneas, tampoco el presidente venezolano lo hizo.

Primero lo primero

El 2 de febrero de 1999, Hugo Chávez Frías, un general de cuarenta y cuatro años que había liderado un golpe militar contra Carlos Andrés Pérez, llegaba al sillón presidencial del Palacio Miraflores empujado por el 56.2% de los votos venezolanos. Desalojaba del poder a los dos partidos que, durante cuarenta años, se habían repartido el gobierno del país. Las razones que impulsaron a tamaña cantidad de ciudadanos a ungir a este militar carismático, verborrágico y de discurso socialista podrían reducirse a una sola: diez años de "austeridad", ajuste fiscal y deterioro del mercado interno habían hundido en la desesperanza y la pérdida de poder adquisitivo a una gran franja de la clase media-media y la clase media-baja. Fenómeno que de manera casi calcada se repitió en el resto de los países que nos ocupan.

La nueva República Bolivariana, como pronto bautizó Chávez a Venezuela, no alumbraría si él no era capaz de apropiarse de una buena parte de la millonaria renta petrolera concentrada desde siempre en escasísimas manos, y si no lograba que la empresa estatal de petróleo rindiera lo que debía. Además, tenía que reducir de modo significativo la evasión tributaria, responsable de un déficit del 9% del PBI.

La situación económico-social del país en la que el Polo Patriótico llegaba a la primera magistratura era, sin dudas, apremiante. El conjunto de partidos (Partido Comunista de Venezuela, Movimiento al Socialismo, Movimiento Electoral del Pueblo, Patria para Todos y el dominante Movimiento Quinta República) que había llevado a Chávez al gobierno tenía ante sí una inflación del 30% anual, pese a los persistentes planes de "enfriamiento" de la economía; una desocupación cercana al 15%; y una subocupación que flagelaba al 50% de la población económicamente activa. La deuda externa era de 32 mil millones de dólares, con lo que la cancelación anual de capital e intereses se llevaba cerca del 40% del presupuesto.

Petróleos de Venezuela S. A. (PDVESA) es la empresa estatal que, por entonces, concentraba el 80% de las exportaciones del país y contribuía con el 27% del Producto Bruto Interno venezolano. Era el bocado más exquisito que el FMI pretendía entregarles a las petroleras internacionales a cambio de refinanciar la pesada deuda del país.

En efecto, tal cual proclamaban el Fondo, el Banco Mundial y Fedecámaras (la organización patronal que nuclea al empresariado venezolano), el gigante estatal era al comienzo de 1999 un verdadero nido de corrupción, latrocinio e ineficiencia. Nada más convincente para privatizarla, argumentaban los organismos de crédito y los patrones nativos.

Para Chávez y sus aliados, allí anidaba la madre de todas las batallas. Resultaba imprescindible reestructurarla, manteniéndola en manos del Estado y sin recortar la plantilla de trabajadores. El caso de los directores y gerentes debía tener otro tratamiento.

Los desafíos eran ciertamente riesgosos, pero quienes aspiraban a que el extrovertido general respondiese a los aplausos recibidos desde Cuba con una inmediata revolución socialista habían comprendido poco a Chávez. Si por su cabeza pasa el proyecto de conducir a Venezuela a una sociedad sin clases, está lejos, aún, de haber llegado a él.

La "bestia negra" (para Estados Unidos y la derecha más cerril de Latinoamérica) apenas fue más allá de un umbral decididamente modesto: mediante un referéndum reformó la Constitución venezolana (sin grandes modificaciones de fondo), y logró que la OPEP (Organización de Países Exportadores de Petróleo) limitara la producción de petróleo para hacer ascender el valor del crudo, por entonces muy por debajo de su precio histórico (algo que el propio Estados Unidos hubiese hecho, puesto en el lugar de Chávez).

Respecto de la deuda externa, un clásico caballito de batalla de la izquierda tradicional, el general venezolano jamás postuló el no pago (como exigen las izquierdas), sino una reestructuración que no tuviese el costo de la privatización de las empresas del Estado, fundamentalmente PDVESA.

"Tanto Estado como sea necesario y tanto mercado como sea posible", proclamaba el hombre nacido en Sabaneta, al noroeste del estado de Barinas. No era un grito de guerra, pero sonaba escandaloso para los discípulos de Hayek, quienes inmediatamente consideraron que algo había que hacer con "ese monstruo mestizo".

Más efectista que revolucionario, Hugo Chávez inició su proceso de reparación social sacando las fuerzas armadas a la calle para asumir tareas que le eran poco específicas: campañas de vacunación infantil, construcción de caminos, distribución de alimentos, restauración de viviendas y recuperación de escuelas para satisfacer la demanda educacional que el gobierno propiciaba.

Lejos del ideario de la guerrilla de Sierra Maestra, pero suficiente como para aterrorizar a un *establishment* desacostumbrado a políticas redistributivas, por más tibias que fueran.

Ni devaluación de la moneda ni control cambiario era lo que pregonaba el presidente, pero sí una revisión de los contratos con las petroleras transnacionales, firmados por sus predecesores. Venezuela debía dejar de ser un país dependiente del petróleo, y sólo la renta que el oro negro podía proporcionarle le permitiría fomentar la industria, la minería y la agricultura, tanto como suavizar el déficit fiscal que producía, a juicio del FMI, un Estado sobredimensionado con más de un millón de trabajadores a su servicio.

El puntapié inicial era reestructurar PDVESA.

El enemigo de mi enemigo...

A mediados del año 2001, tras haber sido relegitimado por el voto popular un año antes, Hugo Chávez logró que el Parlamento venezolano aprobara un conjunto de cuarenta y nueve leyes, entre las cuales había tres que desatarían la furia contenida del empresariado venezolano: la Ley de Tierras, la de Hidrocarburos y la de Pesca.

La primera de ellas (Ley de Tierras y Desarrollo Agrario) era en los hechos una Reforma Agraria, pero impulsada más por la necesidad que por la ideología. Venezuela importaba el 66% de los alimentos que necesitaba, al tiempo que el manejo de propietarios del 70% de la tierra mantenía cientos de miles de hectáreas sin cultivo ni hacienda. La nueva ley establecía la expropiación forzosa de las tierras improductivas y la entrega de éstas a los campesinos que podían y debían trabajarlas.

La segunda, la de Ley de Hidrocarburos, fijaba retenciones del 30% sobre la renta de las petroleras multInácionales, y proclamaba la mayoría accionaria del Estado en las empresas mixtas del sector.

La Ley de Pesca y Acuacultura, en tanto, le otorgaba al Estado la facultad para regular la actividad a fin de impedir la destrucción ictícola, protegía a los pescadores artesanales (a pequeña escala) y obligaba a las empresas del sector a garantizar el abastecimiento del producto al mercado interno antes de proceder a las exportaciones.

En paralelo, tras ser relegitimado electoralmente, Chávez había ganado un referéndum en el que se obligaba por ley a la dirigencia sindical al recambio luego de cumplido el mandato. El presidente sabía que la burocracia instalada en la conducción de la Confederación de Trabajadores de Venezuela (CTV), aliada a uno de los partidos tradicionales, la Acción Democrática, y, en consecuencia, a los intereses patronales, sería un feroz adversario a la hora de instrumentar reformas.

No se equivocó. El 10 de diciembre de 2001, Fedecámaras y la CTV, en conjunto, llamaron a un paro nacional. Detrás de ambas organizaciones (en algunos casos liderándolas) se alineó el 80% de los medios de comunicación venezolanos. Pocos en América Latina comprendieron cómo era posible tamaña alianza, al menos a la luz pública. "El enemigo de mi enemigo es mi amigo", parecía decir cada uno de ellos.

El golpe

Es que Chávez iniciaba un sendero (seguido luego por el resto de los presidentes del Cono Sur, cada uno a su manera) en el que los intereses sectoriales menos exhibidos iban a quedar cada vez más expuestos. Curioso método de propiciar la toma de conciencia de las clases populares. Y curioso también el escenario en el que la central obrera se plegaba a un paro patronal cuando, ya por entonces, la inflación había descendido al 13.4% anual y la economía crecía a un 3.2%, luego de haber superado una recesión del 7.2% negativo. Es cierto, también, que los niveles de corrupción estatal eran altos, y la pobreza no descendía del 25%. Éstos eran los argumentos sobre los que galopaban la oposición política, la patronal, la burocracia sindical y los medios, para reclamar un referéndum en el que se decidiera la continuidad o no del presidente de la República (algo así como un "suave" golpe de Estado). El plan, elaborado por Fedecámaras y visado por George W. Bush y su grupo de halcones, que no le perdonaban al presidente el haber conducido a la OPEP a limitar la producción petrolera, consistía en expulsar a Chávez del poder utilizando el recurso que fuera necesario.

Las patronales tenían la misión de conducir las revueltas; Washington, la de minar la base de sustentación de Chávez en las fuerzas armadas. Si los militares seguían comprometidos con la "revolución bolivariana", un golpe de Estado sería imposible. Y si las organizaciones sociales y buena parte de la clase baja continuaban apoyando al presidente, el golpe aparecía como el único recurso para deshacerse del general parlanchín.

Fracasado el paro y el intento de forzar un referéndum, se pasó a la siguiente etapa: el golpe.

Las banderas con las que se llevaría adelante el proceso golpista eran: el autoritarismo de Chávez, sus vínculos con Cuba, el ataque a la propiedad privada a partir de las tres leyes de marras y, en especial, la reestructuración de PDVESA, mediante la cual el gobierno se proponía descabezar a buena parte de la cúpula gerencial de la empresa y modificar la política comercial de la compañía.

En efecto, entre enero y febrero de 2002, varios jefes militares se pasaron a la oposición, al tiempo que lanzaban proclamas públicas llamando a la sublevación contra el poder instituido; Fedecámaras, la central de trabajadores y los medios convocaban a marchas antigubernamentales; en PDVESA, los gerentes resistían los despidos y una parte de los trabajadores hacía lo propio con la nueva conducción de la empresa.

Todo estaba listo para el zarpazo más evidente, y así ocurrió. Un nuevo paro con movilizaciones se dio el 9 de abril; hubo disturbios y balazos entre opositores y oficialistas los días 10 y 11; y acaeció lo previsible el día 12 de abril: Hugo Chávez fue hecho prisionero por los militares. Éstos, en el anochecer de ese día, informaron a través del comandante en jefe de las Fuerzas Armadas, general Lucas Rincón Romero, otrora ferviente chavista:

"Los miembros del Alto Mando Militar de la Fuerza Amada de la República Bolivariana de Venezuela deploran los lamentables acontecimientos sucedidos en la ciudad capital en el día de ayer. Ante tales hechos, se le solicitó al señor presidente de la República la renuncia a su cargo, la cual aceptó".

Nada nuevo bajo el sol de Latinoamérica. Un golpe de Estado clásico en el que los militares, respondiendo a los mandatos de Washington, se arrogan la representación popular exigiendo la renuncia de un presidente. Luego se lo arresta, y a renglón seguido, asume el gobierno el hombre señalado por los Estados Unidos, en este caso Pedro Francisco Carmona, presidente de Fedecámaras, un dirigente directamente vinculado con empresas petroquímicas y que había sido director de varias de ellas. Sus primeras decisiones al frente del gobierno *de facto* no sorprendieron: derogar la nueva Constitución y las cuarenta y nueve leyes aprobadas por el Parlamento, entre las que se hallaban las tres que tanto le preocupaban, y disolver los Poderes Judicial y Legislativo.

Ésa era su manera de "restablecer la democracia y la concordia" en Venezuela.

Asociación ilícita

El asalto al gobierno venezolano, que inmediatamente fue reconocido y festejado por Estados Unidos, la España de José María Aznar, Colombia y El Salvador, resultó no sólo un golpe de Estado a Hugo Chávez. La Casa Blanca, un paso más allá que la salvaje

derecha opositora de Venezuela, pretendía con él dar una clara se-
ñal al incipiente movimiento de centro izquierda que, ya por esos
años, insinuaba acceder al gobierno de otros países de la región.
Luiz Inácio "Lula" da Silva sería electo en octubre de ese año,
y Néstor Kirchner siete meses después. Pero antes del golpe,
Argentina ya había anunciado que dejaría de pagar la deuda externa y en Brasil se descontaba el triunfo del PT.

Sin embargo, lo que ni Washington ni el poder económico venezolano pudieron percibir fue que en el sur de
esa América históricamente gobernada por un sector social culturalmente colonizado y atado a una economía de
granero, las clases populares estaban experimentando un
salto en la conciencia política, pese a la ficcionalizada realidad con que cada mañana la acosaban los medios.

Brasil llegaba a un nuevo turno electoral desencantado con
la experiencia neoliberal de Fernando Henrique Cardozo, un
prestigioso intelectual con formación izquierdista que, sin embargo, no había elegido cambiar la vida de los amplísimos sectores sumergidos de Brasil.

Argentina, por su parte, observaba aterrorizada el más terri-
ble de los infiernos. País desacostumbrado a la pobreza masiva,
exhibía niveles esperpénticos: el 60% de su población apenas
podía alimentarse. En Rosario, una de sus ciudades más importantes e industrializadas, las cámaras de televisión mostraron a
los sectores más humildes matando gatos para comérselos.

La tarde del 12 de abril de 2002, mientras Pedro Carmona se
sentaba en el despacho presidencial venezolano y anunciaba sus
primeras decisiones, en San José de Costa Rica se desarrollaba
la XVI cumbre del Grupo de Río. Cuando se conoció la noticia,
de los catorce presidentes latinoamericanos que allí deliberaban
condenaron severamente el golpe. Hasta el mexicano Vicente
Fox, más próximo a Carmona que a Chávez, expresó:

"En los últimos meses, el gobierno de México manifestó
preocupación por el curso de los acontecimientos políticos,
sociales y económicos en ese país. No puede menos que condenar

la interrupción violenta del orden constitucional y la pérdida de vidas en esa nación hermana".

Con todo, el presidente mexicano, procurando no desairar a la Casa Blanca y a la derecha de su país, que concordaba con la vía violenta para desalojar a Chávez del gobierno, agregó:

"No es posible, sin embargo, dejar de considerar que los lamentables acontecimientos en Venezuela se han producido a partir de una intensa y amplia reacción social ante el curso de polarización interna y externa y de conducción económica errática, seguido por los gobiernos en tiempos recientes".

Pero, se sabe, no hay golpe de Estado capaz de perdurar sin una cierta aquiescencia o aprobación tácita de la sociedad, y no era eso lo que ocurría en Venezuela. Las organizaciones sociales, los estratos más pobres de Caracas y la oficialidad media de las fuerzas armadas salieron a la calle. Tomaron primero el canal Venezolana Televisión y luego el Palacio Miraflores, abandonado por los golpistas. El 14 de abril, Hugo Chávez fue liberado de la Isla La Orchila, adonde había sido trasladado.

Explicando las razones por las cuales fracasó el golpe de Estado en Venezuela, Heinz Dieterich, columnista del portal *Rebelión.org*, subraya un aspecto que suele ser poco considerado entre los analistas: el factor externo. Dice así:

"Al divulgarse la información de la no-dimisión del Presidente, inicialmente por Cuba y después por los medios occidentales (CNN), y la denuncia de Rodríguez (fiscal general de la nación) de que el gobierno de Carmona era inconstitucional, la posibilidad de Washington de utilizar a la OEA en la legalización del régimen de facto de Carmona se desvaneció. El rechazo del Grupo de Río a los usurpadores del poder dejó a sus padrinos internacionales, Bush y Aznar, junto con sus cómplices –los gobiernos de Colombia, El Salvador y sectores de la Democracia Cristiana mundial– sin opción para apuntalar la camarilla de Ortega y Carmona".

Pero la simple crónica no siempre lleva a comprender las razones que desencadenaron un determinado suceso. En este caso, intentar analizar esas razones servirá para ir desentrañando la capacidad de ruptura de un determinado orden global que pueda tener esta centro izquierda latinoamericana. Es posible que Hugo Chávez no califique como un verdadero izquierdista según las normas del "manual del perfecto revolucionario" con que la izquierda tradicional mide los procesos políticos que comenzaron a gestarse en la región desde comienzos de este siglo. Pero parece ser que los poderes económicos internacionales son un poco más pragmáticos al respecto.

Era evidente, por ejemplo, que con la llegada del comandante al gobierno la política de apertura petrolera que había comenzado poco tiempo antes de la asunción de Chávez dejaría de cumplir con el objetivo planeado por Washington: privatizar la mayor riqueza del país que, en paralelo, es un bien absolutamente imprescindible para los Estados Unidos, y Venezuela es uno de sus mayores proveedores.

De allí, el enorme empeño de la Casa Blanca por expulsar a Chávez del Palacio Miraflores. Tanto que para lograrlo, le requirió a uno de sus más fieles aliados, José María Aznar, que se involucrara activamente en el golpe, tal cual lo reconocería posteriormente el ministro de Asuntos Exteriores y Cooperación de España, Miguel Ángel Moratinos. Éste exhibió documentos de cancillería en los que Aznar compelía a varios gobiernos latinoamericanos a sumarse a la cruzada golpista; pero sólo Colombia y El Salvador lo hicieron.

También resulta obvio que para el gran empresariado venezolano, los objetivos de política económica del general no eran una buena noticia. Desarrollar la agricultura, la minería e industrializar el país, encarando –como ya habían intentado otros países de región– un proceso de sustitución de importaciones, estaba destinado a reconfigurar el poder económico y la distribución de la renta en el país.

Para echar a Chávez, esa corporación contaba con un considerable poder de fuego: el que le daban los medios de comunicación, propiedad, en casi un 90%, de ese gran empresariado o de otros de origen extranjero pero con comunidad de intereses.

En su edición de agosto de 2002, el semanario *Le Monde Diplomatique* publicó un extenso y muy documentado trabajo de Maurice Lemoine, que ya en el primer párrafo ponía en evidencia la tarea conjunta de ambos protagonistas de la asonada: los grandes empresarios y Estados Unidos, a través de su aliado en la Moncloa. Según Lemoine:

"'Tuvimos un arma fundamental: los medios de comunicación. Y quiero aprovechar esta ocasión para felicitarlos.' Todavía no es en Caracas la medianoche del 11 de abril de 2002 y faltan unas horas para que el presidente de Venezuela, Hugo Chávez, sea derrocado, cuando el vicealmirante Víctor Ramírez Pérez felicita en directo a la periodista Ibéyise Pacheco en la pantalla de Venevisión. Veinte minutos antes, al comienzo de su entrevista con el grupo de militares golpistas, la periodista no se había privado de comentar, con aires de conspiradora satisfecha, que desde hace mucho tiempo mantiene con ellos vínculos privilegiados. Aproximadamente a la misma hora, otra periodista estrella, Patricia Poleo, extrañamente bien informada sobre el futuro desarrollo de 'acontecimientos espontáneos', anuncia en el canal de televisión español TVE: 'Creo que el próximo presidente será Pedro Carmona.' En ese mismo momento, atrincherado en el palacio presidencial, el jefe de Estado en ejercicio, Hugo Chávez, persiste en su negativa a renunciar".

Superando escollos

En la mañana del 15 de abril, Hugo Chávez Frías ocupaba nuevamente el sillón presidencial del Palacio Miraflores. El golpe de Estado había durado sólo unos días, pero el odio de la oposición, integrada por empresarios y medios, creció ante el fracaso. Por otra parte, no era habitual para la lógica política latinoamericana que un movimiento golpista regresara a su guarida en tan poco tiempo.

Chávez lo sabía, y comprendía, además, que descabezar a la cúpula militar golpista era una resolución de forma más que de fondo. En América Latina, con muy pocas excepciones, los uniformados siempre actuaron como los sirvientes armados del poder económico. Y eso habían hecho en Venezuela.

Para finales de noviembre, una curiosa Coordinadora Democrática afilaba los sables para volver a cargar contra el gobierno. Fedecámaras, la CTV (Confederación de Trabajadores de Venezuela), ex miembros de PDVSA, el MAS y Bandera Roja en representación de la izquierda, y la Acción Democrática y el COPEI por la derecha, se habían unido para organizar un paro nacional por tiempo indeterminado que eyectara al general, sus partidarios y sus votantes del Palacio Miraflores.

Los conjurados pedían la renuncia de Chávez o, en su defecto, la realización de un referéndum revocatorio que permitiese expulsar al presidente por la vía de las urnas.

Habrá que convenir en que la novedad –el referéndum revocatorio–, que luego habría de ser copiada por la derecha boliviana, daba cuenta de un curioso sentido republicano de la Coordinadora pretendidamente Democrática. Pero no era la única originalidad.

El anunciado paro constituía, en verdad, un *lock out*, esto es, una medida de fuerza patronal, porque pese a que un amplio sector de trabajadores pretendía seguir cumpliendo con sus tareas habituales, las puertas de las empresas permanecieron cerradas.

La segunda originalidad –que se replicaría luego en Brasil, Bolivia y Argentina– fue la conformación de una "cadena mediática", que se alineó detrás de los "huelguistas" apoyando la destitución del presidente durante los sesenta y dos días que duró el "paro". Programas deportivos, de entretenimiento e infantiles cedieron su lugar a una generalizada campaña en contra de Chávez, que se propalaba casi durante las veinte horas de transmisión de cada emisora.

En medio de una Venezuela semidesabastecida e inmersa en un clima social que preanunciaba una inminente guerra civil, la OEA, las Naciones Unidas y algunos países latinoamericanos comenzaron a presionar a la oposición mediático-empresarial, para que pusiera fin al salvaje ataque. Para el propio Estados

Unidos, la falta de provisión de petróleo venezolano era un dato preocupante y que, por añadidura, haría saltar para arriba el precio de los barriles de crudo.

Al comenzar febrero, y sin un anuncio oficial por parte de la Coordinadora, el *lock out* entró en vía muerta y los cañones se enfocaron en la tarea de juntar las firmas necesarias que forzaran un referéndum.

Cuando el 3 de junio de 2004 el Consejo Nacional Electoral anunció que la cantidad de firmas necesarias habían sido colectadas y el referéndum debía llevarse a cabo, un dato se tornó elocuente: el salvajismo golpista, cualquiera fuera su forma, tenía poco respaldo entre los países más desarrollados del mundo, excepción hecha de los Estados Unidos.

La mañana del 16 de agosto, un día después de la elección, Hugo Chávez probó, una vez más, que los venezolanos seguían apoyando al presidente que habían votado. Con el 59.06% a su favor, contra el 40.64%, el general fue revalidado en las urnas.

Pero eso no era todo. En octubre, debían realizarse las elecciones regionales, y el chavismo se alzó con 22 de las 24 alcaldías, haciendo gala de un apoyo popular pocas veces visto en Venezuela. El conocido sayo de "antidemocrático" pasaba a carecer cada vez más de valor dentro y fuera de Venezuela. El gobierno podía gustar o no, ser favorable o no a los intereses de un determinado sector, pero cualquier intento de combatirlo no podría razonablemente apelar a la figura de una tiranía sin consenso popular. Y paradójicamente, la furiosa embestida mediático-empresarial no había hecho más que fortalecer a un hombre que arremetía contra los intereses de quienes siempre habían gobernado desde las sombras.

Algunas medidas y logros

Al comenzar el año 2005, Hugo Chávez puso en marcha la Ley de Tierras, aprobada el mismo año del golpe. Dicha ley lo facultaba a expropiar latifundios y tierras improductivas, asestándole un nuevo mazazo a los históricos "dueños del país".

La medida, considerada de "claro sesgo comunista" por los hacendados, Washington y el ex presidente argentino Carlos Menem, aliado incondicional de la Casa Blanca, le permitió al país aumentar en un 46% las áreas sembradas. Y si se piensa que aun así la importación de alimentos continuó elevándose en Venezuela, debido a la mayor cantidad de personas que se sumaron al consumo, la aplicación de esa ley resultaba a todas luces imprescindible.

El envión político que el referéndum le dio al presidente bolivariano le posibilitó alzarse con otro aplastante triunfo en las elecciones presidenciales de 2006 (obtuvo el 62.84% de los votos), e inaugurar su tercer periodo de gobierno, que se extenderá hasta 2013, con otras medidas que cambiaron el mapa del poder en Venezuela.

Hugo Chávez nacionalizó CANTV (Compañía Anónima Nacional de Teléfonos de Venezuela), en manos de la norteamericana Verizon. Estatizó EDC (Electricidad de Caracas), propiedad de la también estadounidense AES. Optó por no renovarle la concesión a RCTV (Radio Caracas Televisión), la cadena que llamó al golpe de Estado. Logró, mediante un referéndum, enmendar parte de la nueva Constitución Nacional, eliminando el límite a las reelecciones presidenciales.

A mitad de su tercer periodo de gobierno, Chávez puede exhibir algunos datos de la situación económico-social de su país que parecen darle parte de razón a su Revolución Bolivariana. El desempleo bajó del 16% al 7.7%. La pobreza, que era de un escandaloso 85% en 1998, bajó al 28.5% al comenzar 2010. El salario mínimo es de 247 dólares, y sus reservas se sitúan en los 27 911 millones de dólares.

Padece, sin embargo, al igual que Argentina, un alto nivel de inflación, cercano al 25% anual, como consecuencia del incremento del consumo y de no aumentar los tipos de interés, que sería aprovechado por los capitales especulativos.

A principios de julio de 2011, Chávez comunicó a Venezuela que padecía una afección cancerígena. Y muchos más conciliábulos que los médicos se establecieron en el Sur y en el Norte de América.

"Mal de muchos": la miope izquierda tradicional

Alguna vez, Leon Trotsky, tratando de subrayar la importancia fundamental que tiene para cualquier dirigente diagnosticar las situaciones políticas con precisión, decía que si se planteaba a las masas la toma de las armas antes de que éstas estuviesen maduras para dar ese paso, "alejamos al Partido de las masas y a las masas, de las armas".

Sus proféticas palabras adquirieron un peso dramático en Bolivia con la desastrosa experiencia de Ernesto Guevara y sus combatientes, aniquilados por el ejército sin poder captar el esperado acompañamiento del campesinado (uno de cuyos integrantes los delató).

Pero no sólo el Che se equivocó, desoyendo la opinión de Fidel Castro, quien sostenía que en Bolivia no estaban dadas las condiciones políticas para iniciar un proceso de lucha revolucionaria. La historia de la izquierda latinoamericana está tapizada de caracterizaciones erróneas. Tantas que en el subcontinente hubo sólo dos gobiernos socialistas triunfantes por la vía revolucionaria: el cubano y el nicaragüense, con todas las objeciones que pueden hacérsele al proceso sandinista luego de la toma del poder.

Lo curioso es que a todo lo largo del siglo XX, los partidos, la intelectualidad y la militancia marxistas o filo marxistas pendularon entre diversas y muchas veces confusas líneas de acción para la toma del poder. Sin dudas, la experiencia cubana fue determinante en tal sentido.

El hecho de que una vanguardia de jóvenes de clase media fuese capaz de tomar el poder en un país era algo que ni el propio Marx había imaginado. Pero a partir de entonces, el llamado "foquismo", la vanguardia iluminada y la guerrilla rural o urbana como concepto revolucionario, caló profundo en parte de la dirigencia de izquierda, que dejó de considerar a la clase obrera arquitecta de su propio destino. Desde luego, los fracasos se sucedieron.

El propio Fidel explicó cómo debía ser el proceso revolucionario si se acudía a la acción guerrillera como instrumento:

"Para nosotros la guerrilla era la detonadora de un proceso. Con un punto culminante: la huelga general revolucionaria y el levantamiento general de la población".

Si no existían las condiciones objetivas y la madurez de parte de la clase obrera y el pueblo en general para rematar el hostigamiento guerrillero al "poder burgués", la revolución era inviable. El Frente Farabundo Martí en El Salvador; Montoneros y ERP en Argentina; las FARC y el ENL en Colombia; Sendero Luminoso en Perú; Tupamaros en Uruguay; la Guerrilla de Araguaia en Brasil; el Ejército Zapatista de Liberación (EZLN) y el Ejército Revolucionario del Pueblo (ERP) en México; la Unidad Revolucionaria Nacional Guatemalteca en Guatemala; la Unificación Democrática en Honduras y el Frente Patriótico Manuel Rodríguez en Chile fueron parte de ese manojo de experiencias guevaristas que florecieron en el continente sin poder lograr "el punto culminante" al que hace alusión Fidel Castro.

Para todos ellos, los gobiernos progresistas, populistas o de centro izquierda eran una suerte de máscara que encubría la ferocidad capitalista, y cuyo único objetivo consistía en domesticar a los trabajadores; minarles la fuerza revolucionaria.

Pero si los movimientos guerrilleros, conformados en esencia por una pequeña burguesía "iluminada", anhelaban saltar, por medio de la acción directa ("el ejemplo revolucionario", según la jerga), el trabajoso y largo proceso de la toma de conciencia política de todo un pueblo, la dura ortodoxia trotskista, filo trotskista o estalinista se mostró incapaz de aprovechar experiencias populistas para reconducir el amplio movimiento de apoyo a dichos gobiernos hacia prácticas más radicalizadas, mostrándose con frecuencia más funcionales a las oligarquías conservadoras que a las conquistas populares.

La noche del 27 de junio de 1954, cuando el presidente de Guatemala Jacobo Arbenz fue obligado a renunciar tras un alzamiento militar pertrechado y organizado por la CIA, y apoyado desde el cielo por aviones norteamericanos, no sólo Guatemala sino Latinoamérica toda veían el derrumbe de una experiencia que no era marxista, por cierto, pero que había llevado adelante una reforma agraria sin precedentes, que podía haber sacado al país de su condición semicolonial.

La izquierda tradicional, sin embargo, fue incapaz de diferenciar entre Arbenz y el sanguinario teniente coronel Carlos Castillo Armas que lo sucedió, hombre que decidió invadir su propio país con mercenarios armados por la CIA. A propósito de esto, dice Michael Löwy tratando de separar la paja del trigo:

"El gobierno de Arbenz es un gobierno burgués bonapartista que, aunque defiende los intereses generales de la burguesía, se mantiene en equilibrio entre ella y las masas y entre estas últimas y el imperialismo, logrando así una relativa independencia".

Más adelante, el pensador francés, desde una óptica eminentemente trotskista, analiza las condiciones políticas imperantes en la Guatemala de Arbenz:

"Mientras tanto, nuestro deber es defender al gobierno de Arbenz con las armas en la mano, contra cualquier ataque de la contrarrevolución pro yanqui. Esto, naturalmente, no significa que debamos otorgarle el menor apoyo político, que debamos esconder sus límites y su carácter efímero o que sembremos ilusiones acerca de su capacidad para dirigir la lucha antiimperialista".

La contradicción entre defender a un gobierno de eventuales ataques de Estados Unidos y al mismo tiempo restarle todo apoyo político suena, cuando menos, difícil de compatibilizar.

Jacobo Arbenz marchó al exilio (luego sería asesinado). A la dictadura que lo reemplazó, no le importaron demasiado los matices ideológicos de los luchadores populares: mató a cuantos pudo y encarceló al resto.

El ejemplo guatemalteco sirvió de poco, sin embargo.

Un año después, en Argentina, otro golpe militar derrocó a Juan Domingo Perón y se dio a la tarea de fusilar, perseguir, censurar y volver a concentrar la renta nacional en unas pocas manos.

Para enfrentar al peronismo en el gobierno se había formado una coalición pretenciosamente denominada Unión Democrática, en la que convivían desde la oligarquía terrateniente hasta el Partido Comunista, y desde la jerarquía católica preconciliar hasta el Partido Radical. Varios de los que integraban esa fuerza "republicana" acabaron pudriéndose en las mazmorras de la fuerzas "libertadoras".

Otro tanto ocurrió con Joâo Goulart en Brasil, con Salvador Allende en Chile, con Juan Velasco Alvarado en Perú y con Víctor Paz Estenssoro en Bolivia.

La izquierda tradicional latinoamericana pareció siempre tan engrillada a su ideologismo, a sus preconceptos sostenidos a ultranza, que éstos se convirtieron en miopía para analizar y capitalizar los movimientos progresistas de sus respectivos pueblos. Y en el "todo o nada" que sostenían casi siempre trabajaron para un "menos que nada", cuyo costo pagaron los pueblos que se habían puesto a andar detrás de objetivos tan apetecibles como necesarios para ellos.

.

Capítulo 3
EL OBRERO PRESIDENTE

"Fue un gusto pasar por la presidencia de la República
y concluir el mandato viendo a Estados Unidos en crisis,
viendo a Europa en crisis, viendo a Japón en crisis, cuando
ellos lo sabían todo para resolver el problema de la crisis
brasileña, de la crisis de Bolivia, de la crisis de Rusia,
de la crisis de México".

Lula da Silva, a finales de 2010

El triunfo del Partido de los Trabajadores (PT) en las elecciones de 2002 en Brasil generó una enorme expectativa entre las izquierdas latinoamericanas. La llegada de un obrero a la presidencia del gigante sudamericano era una novedad que, a muchos, los hizo pensar que la revolución esperaba a la vuelta de la esquina.

Luiz Inácio "Lula" da Silva no tenía ninguna responsabilidad en que se generaran dichas fantasías. Hombre llegado del nordeste brasileño, conocía como pocos lo que es el hambre, el desempleo, la miseria, la violencia y el olvido. Ningún teórico debía explicarle de qué se trataba todo eso.

Acaso por ello —y aquí ancla otro de los factores a considerar respecto de la centro izquierda—, sabía perfectamente cuáles eran las urgencias de su pueblo, tanto como la capacidad de lucha que se podía esperar de él. Años de neoliberalismo, de dictaduras, de luchas sindicales y de escuchar a ciertos revolucionarios de manual le habían fijado los límites de lo posible.

Con más de 60 millones de compatriotas en la pobreza, no podía comenzar su gobierno con transformaciones profundas; esas que, naturalmente, requieren de mucho tiempo.

Se trataba de reunir la mayor cantidad de reales (moneda nacional) posibles en la menor cantidad de meses, para llegar a quienes ni siquiera podían comer todos los días. "Hambre cero" se bautizó al primer objetivo que se proponía alcanzar "Lula".

Curiosamente, un gobierno que se abocaría a paliar la cuestión social en forma prioritaria debería comenzar valiéndose de instrumentos ortodoxos, para escándalo del ala radicalizada de su propio partido.

Le duela a quien le duela

El nuevo inquilino del Palacio del Planalto (algo así como "Palacio de la Meseta") tenía ante sí varios problemas económicos urgentes para resolver si, en efecto, se proponía aplicar una fuerte política redistributiva y asistencial.

El primero de ellos, como le ocurría a casi toda Latinoamérica, era la deuda externa. En Brasil ésta tocaba ya los 370 000 millones de dólares (60% del PBI), y con el Riesgo País ubicado en más de 2 200 puntos, toda refinanciación resultaba una verdadera sangría.

La segunda cuestión la conformaba una combinación inexplicable para la ortodoxia económica: el interés anual que pagaban los bancos rondaba el 16%; el real se devaluaba a un ritmo del 30% anual y la tasa de inflación era del 24% al año. La alta tasa de interés clausuraba los créditos, pero era incapaz de controlar la inflación.

El tercer rubro que debería enfrentar el hombre que durante años había defendido el salario de los trabajadores era una reducción del déficit fiscal, determinado fundamentalmente por las altas pensiones y jubilación de los empleados públicos.

Lula sabía que sólo los intereses de la deuda absorbían cerca del 9% del PBI, con lo cual, si pretendía tener superávit, debería crecer a un ritmo superior, lo que era definitivamente imposible.

Para peor, antes de asumir, tanto él como el resto de los candidatos a presidente habían debido firmar un acuerdo con Fernando Henrique Cardozo, merced al cual respetarían el nuevo compromiso asumido con el FMI. El organismo desembolsaría otros 30 000 millones de dólares, y de ellos, 10 000 serían utilizados para enfrentar los ataques especulativos de los capitales financieros.

Convencido de que ante semejante cuadro de situación debería manejar la economía combinando ortodoxia y heterodoxia, decidió apurar el trago más amargo mientras mantenía intacta la popularidad que lo había conducido a la presidencia. Debía avanzar con una reforma previsional en la que las principales "víctimas" serían los funcionarios públicos, muchos de los cuales eran activos militantes del PT.

Imaginaba –y no se equivocó para nada– que la resistencia que habría de tener por parte del ala izquierda petista se neutralizaría con el masivo apoyo de la sociedad en general.

Contrariamente a lo que ocurre en todos los países del mundo, Brasil tenía un régimen de jubilaciones y pensiones para los funcionarios del Estado (jueces, militares, administrativos, etc.) absolutamente discriminatorio, a favor de ellos. Para empezar, cualquier miembro de la administración estatal que se jubilase lo hacía con el mismo salario que cobraba mientras estaba en actividad y recibía, puntualmente, cada aumento que les era otorgado a sus colegas que aún estaban en funciones.

Pero más asombroso que esta ecuación en la que los aportes de los trabajadores en actividad cubrían apenas el 10% de lo que percibían los jubilados era que, a la muerte del beneficiario, sus descendientes seguían cobrando la misma cifra en calidad de pensión. Si se suma, además, que en Brasil la edad jubilatoria era de 48 años para las mujeres y 53 para los hombres, el agujero en las finanzas públicas que producía el sistema previsional alcanzaba, en 2002, los 19 000 millones de dólares, algo así como el 5% del PBI.

Pero más allá de las frías cifras presupuestarias, las asignaciones jubilatorias entre estatales y privados eran decididamente inequitativas. Mientras los primeros percibían en promedio 733 dólares al mes (cifra que se triplicaba para los miembros de los Poderes Legislativo y Judicial), el monto que recibía un trabajador privado al retirarse era de 113 dólares mensuales.

Si se añade que como en Brasil el funcionariado goza de intangibilidad, o sea, no puede ser despedido, cada remesa de nuevos empleados públicos que ingresaban a la administración estatal de la mano de cada nuevo gobierno permanecía allí hasta la jubilación, elevando el número de personal público a más de 500 000 personas.

Corregir esta flagrante injusticia y el increíble privilegio de que las pensiones fuesen hereditarias para el caso de los funcionarios públicos sería, calculaba Lula, la que volcaría la opinión pública a su favor.

Ya desde antes de 2003, en Brasil era muy común que mujeres jóvenes se casasen con funcionarios jubilados para heredar el privilegio.

Escribe Luis Esnal, corresponsal del periódico *La Nación*, de Buenos Aires, respecto de la medida correctiva del gobierno de Lula:

"Dependiendo de cómo se la mire, la reforma es también un recorte de privilegios para un sector que tiene beneficios inéditos en el mundo a costa de los impuestos de millones de brasileños. Mientras en Brasil el ingreso per cápita es de 3 430 dólares al año, un trabajador del Estado gana en promedio 12 046".

Al momento de enviar el proyecto al Parlamento, Luiz Inácio da Silva debió haberse arrepentido de su cerrada oposición a una reforma de este tipo cuando sólo era el líder del Partido de los Trabajadores.

Un complicado damero

Combinando con sutileza instrumentos económicos ortodoxos con reformas de fuerte raíz socialista, el tornero nacido en Pernambuco ganaba antipatías de la izquierda, incluso la de su propio partido, y levantaba olas de apoyo entre el pobrerío urbano y el campesinado enrolado en los "Sin Tierra".

Ya antes de decidirse a encarar la reforma previsional, le había requerido al Ministerio de Justicia y a la Secretaría de Derechos Humanos la elaboración de proyectos de ley que autorizaran al gobierno a entregarles, en propiedad, los terrenos que ocupaban en las favelas varios millones de ciudadanos muy pobres o indigentes.

También, el 30 de enero de 2003, apenas a un mes de haber asumido, el nuevo presidente anunció lo que, a su juicio, sería la piedra angular de su política: el programa "Hambre cero", con el que pretendía asistir, en una primera etapa, a 6.5 millones de familias sin los recursos necesarios para procurarse el alimento cotidiano. Para ello, debía resolver primero la falta de dinero del Estado. Organizó para tal fin un Consejo de Seguridad Alimentaria, que controlaba personalmente. Y con el fino pulso político que ya había demostrado como dirigente sindical, interpeló a todos aquellos que solían calzarse el traje de humanistas en sus apariciones públicas y los invitó a contribuir con el proyecto más ambicioso que había presentado gobierno alguno.

Empresarios, artistas, deportistas y dirigentes políticos se sumaron a la campaña y, con tal apoyo, el mandatario le requirió asistencia a la OEA, la que por medio de la FAO (Organización de las Naciones Unidas para la Agricultura y la Alimentación) desembolsó el primer millón de dólares para el programa.

El nuevo presidente estaba d ispuesto a jugar todo su capital político en la cruzada de alimentar a su pueblo. Tanto, que en julio de 2003, Frei Betto (fraile dominico brasileño, adscripto a la "Teología de la Liberación"), asesor especial del presidente para los programas sociales, se presentó ante el Congreso e increpó a los remolones disparándoles munición pesada:

"Me pregunto ¿por qué mientras se legisla en contra del terrorismo, el SIDA o la guerra, no se legisla contra la pobreza? La única respuesta que he encontrado por ahora es cínica: porque de los cuatro factores de mortandad ya señalados, el único que hace distinción de clase es la pobreza".

Para entonces, el gobierno ya destinaba 700 millones de dólares para el programa, pero Betto se quejaba de que sobre un PBI de 500 mil millones de dólares, aquello era casi insignificante, particularmente porque la asistencia les exigía a las familias, como contraprestación, acreditar la escolaridad de los niños, con lo cual también se hacía imperioso reforzar el presupuesto educativo por el sustancial crecimiento de la matrícula.

Aquella tarde, frente a los legisladores, Frei Betto, con apenas un párrafo dibujó el cuadro de situación con el que debía lidiar la centro izquierda, acusada por la ortodoxia revolucionaria de pactista con el neoliberalismo saliente.

El asesor de Lula hablaba sólo de la estrategia del gobierno en políticas sociales, pero (¿sin quererlo?) puso ante los ojos legislativos el monstruo contra el que tenían que combatir:

"Definimos cinco prioridades –el orden no importa–: los sin tierra, que son cuatro millones de familias sin tierra en Brasil, sobre todo los que están acampados en las carreteras y los asentados, que ya tienen alguna tierra; las aldeas indígenas en situación de desnutrición (en Brasil hay cerca de 700 000 indígenas); la gente que vive de la basura (en las grandes ciudades hay familias completas que viven en basureros); los kilombos, que son descendientes de esclavos (más o menos mil comunidades que viven en mucha pobreza); la zona del nordeste, la más pobre del país, la zona de la sequía, que comprende once Estados de Brasil".

El ingenio del tornero

El equilibrio era delicadísimo porque al mismo tiempo el gobierno debía cumplir con el pago de intereses al Fondo Monetario, repeler con reservas el ataque de los capitales especulativos y promover la inversión necesaria para desarrollar áreas neurálgicas de la producción y generar así nuevos y muchos puestos de trabajo. ¿Qué hacer?

Aquí, Lula fue ortodoxo; se ganó el aplauso de Wall Street, las furiosas críticas de la izquierda tradicional y el desconcierto de los antiglobalistas que lo habían tenido como líder.

Pero el obrero de Pernambuco jugaba con todas las barajas que tenía el mazo, y allí estaba su principal fortaleza. El aplauso de los financistas se tradujo en la baja del Riesgo País, la apreciación de los títulos públicos, y con ello, el freno a la depreciación del real. La baja en el índice inflacionario fue la resultante de la combinación de dichos factores y el primer alivio muy sensible para aquel 10% de la población que, como dijo Betto frente a los legisladores, capturaba apenas el 2% de la renta nacional. La izquierda petista y la tradicional trinaban, pero los eternos olvidados comenzaron a sonreír.

Quedaba un mundo por delante, pero Luiz Inácio da Silva empezaba a recibir buenas noticias, mientras peleaba con sus propios legisladores para que aprobaran la reforma previsional. En el vecino más importante, Argentina, había asumido Néstor Carlos Kirchner, un provocador insolente pero tan pragmático como Lula, con parecidos objetivos, y con el convencimiento de que sólo una fuerte alianza regional les permitiría a los países del sur, y de toda Latinoamérica, sentarse a la mesa de los ricos con la fortaleza necesaria para hacerse escuchar.

El apoyo que había recibido de los gobernadores de los distintos estados de su país para avanzar con las reformas estructurales ahora tenía un espejo al otro lado de la frontera.

Da Silva y Kirchner armarían una sociedad política impensable entre los gobiernos de dos países que hasta un par de décadas antes, se tenían el uno al otro como hipótesis de guerra.

Ingenio y no arredrarse ante circunstanciales costos políticos parecían ser la clave para los nuevos tiempos en el Cono Sur.

Avanzar, siempre avanzar

La reforma previsional, pese a que no fue tan profunda como Lula había propuesto en el proyecto que envió al Parlamento, significó sin embargo que su gobierno debiese soportar el primer paro de empleados públicos, y que diputados de su propia bancada, como Luciana Genro, hicieran declaraciones críticas:

"Desfavorecer a los empleados públicos, que siempre fueron aliados históricos del PT, es una traición a nuestros principios".

El inquilino del Palacio Planalto se había enfrentado con decisión a la izquierda brasileña y a un sector de los trabajadores, y había triunfado. Pero ya antes de que el Congreso promulgase la enmienda constitucional que habilitaba la reforma previsional, Lula estaba embarcado en otra pulseada gigantesca: una reforma tributaria, que esta vez tendría como adversarios a la mayoría de los gobernadores, a los empresarios y a la derecha política.

El plan del gobierno consistía básicamente en reducir la cantidad de impuestos existentes, desgravar el consumo popular y contener, a partir del IVA (Impuesto al Valor Agregado), que era federal, la puja que mantenían los distintos estados para captar inversiones mediante el ICMS (Impuesto sobre la Circulación de Mercancías y la prestación de Servicios), una tasa que cada gobernador fijaba libremente y que podía ir desde 0 hasta el 40%, según los negocios, los acuerdos o los intereses de los distintos sectores y del gobierno regional.

Como antes, la puja fue durísima y los resultados menos contundentes de lo que hubiera deseado la administración petista, pero cuando el 19 de diciembre de 2003 el Congreso promulgó ambas enmiendas constitucionales (la previsional y la tributaria), Lula da Silva rondaba el 75% de aprobación e imagen positiva en la sociedad brasileña.

Había repartido críticas y caricias a derecha y a izquierda, pero en algo menos de un año, el tornero de Pernambuco había establecido un estrecho vínculo con su pueblo, lo que le permitiría avanzar con otras transformaciones, ser reelecto y retirarse del palacio gubernamental con el mismo nivel de aprobación que había conquistado a mediados del aquel mes de diciembre.

Es cierto que ese Lula de impecable traje y corbata que era recibido con admiración y respeto por los representantes del poder financiero internacional poco tenía que ver con el agitador sindical de otros tiempos. No se parecía ya al dirigente combativo que acabó convirtiéndose en el secretario general del Partido de los Trabajadores. No era, ahora, para la izquierda tradicional más que un falso encantador de masas que respetaba a pie juntillas la estrategia neoliberal para Brasil y América Latina. Pero Lula recorría su propio camino.

¿Llevaba adelante la aborrecida "política de lo posible"? ¿Era apenas un reformista dispuesto a traicionar la pretendida revolución de la clase obrera? Puede ser. Lo cierto es que mientras la izquierda "genuina" de su propio partido amagaba una y otra vez con darle la espalda, el presidente avanzaba con tres planes enderezados a disminuir la inequidad de un país que, por entonces, ya era la novena economía del mundo. *Lula* pretendía con esos planes: erradicar el analfabetismo en el que seguía hundido el 15% de la población; alimentar a 4 millones de familias indigentes mediante el Plan Bolsa Familia, que reencausaba renta directa hacia los más vulnerables; y lo que tantos habían cacareado pero jamás conseguido: entregarles la propiedad de la tierra a un millón de familias campesinas por medio del Plan Nacional de Reforma Agraria.

¿Insuficiente? Con toda seguridad. Aunque era bastante más de lo que se había logrado en los últimos ochenta años.

Distintos y juntos

En Brasil quedaban aún millones de hectáreas en manos de unos pocos latifundistas, sin que el gobierno hubiese metido profundamente el bisturí en el poder terrateniente; es verdad. Pero acaso la pregunta política más pertinente sería: ¿tenía el gobierno la suficiente fortaleza como para ensayar un combate semejante?

En Argentina, en 2008, siete meses después de haber asumido el gobierno Cristina Fernández de Kirchner con casi el 47% de los votos y un nivel de aprobación y buena imagen dejada por Néstor Kirchner del 70%, la presidenta envió al Parlamento una ley de retenciones móviles sobre la renta agraria (a mayor ganancia, mayor retención).

Las patronales del campo, que estaban obteniendo rentas siderales, decidieron enfrentar con toda su artillería al gobierno recién elegido. Cortaron rutas, desabastecieron parcialmente de alimentos el país, obtuvieron el apoyo incondicional de los medios de comunicación dominantes y de un amplio sector de la clase media urbana, que acompañó a los terratenientes en su guerra dirigida a propiciar la caída del gobierno recién electo. El resultado no pudo ser más duro para la presidenta. El oficialismo perdió la votación en el Congreso, y un año más tarde el partido gobernante perdió las elecciones legislativas, producto de aquel conflicto con aroma destituyente.

No siempre las comparaciones son válidas aunque, en este punto, las similitudes entre un país y otro las vuelven pertinentes. A favor de la cautela del brasileño se suman algunos elementos particulares de su gestión. Lula llevaba ya casi un año de gobierno; había soportado un agresivo paro de empleados públicos y se había enfrentado con gobernadores, empresarios y políticos de derecha por la reforma tributaria.

En paralelo, el superávit de 2003 estuvo por debajo de los pronósticos oficiales, la desocupación rozó el 13% y cayó el consumo. Sonaba poco realista embarcarse en un combate extremo y con final incierto.

A nivel internacional, Lula se dedicó a construir una fuerte alianza estratégica con la Argentina de Néstor Kirchner (luego con Cristina Fernández) y con la Venezuela de Hugo Chávez. Entre los tres le dieron vida a la UNASUR (unión de países de Sudamérica), un grupo que, entre otras cosas, evitaría la guerra entre Colombia y Venezuela; frustraría el intento de golpe de Estado contra Rafael Correa en Ecuador; apoyaría en todo momento la legitimidad de Manuel Zelaya frente al golpe de Estado triunfante en Honduras; y lograría rechazar el ALCA de George W. Bush.

Todos ellos fueron hechos casi épicos y sin antecedentes en cuanto a la sostenida unión y resultante fortaleza de los Estados sudamericanos, en mucho coincidentes en su visión pero, obviamente, no idénticos, pasibles de unirse en pos del bien común, el mantenimiento de la democracia y la defensa de la soberanía del subcontinente.

Brasil, que siempre había sido "el gendarme de América" en la atribución de roles que oficiaba el Norte, ahora se unía a los que reconocía como suyos, a los países hermanos, sin dejar a la vez de discutir y defender cada una de las ventajas razonables para su propio territorio.

Algo nuevo estaba pasando en el gigante verde.

Los logros

El 1 de enero de 2011, Lula da Silva le transfirió el gobierno a Dilma Roussef, luego de haber administrado uno de los dos gigantes Latinoamericanos durante ocho años. Los resultados, y el país que le dejó a su sucesora, fueron asombrosos. No hubo revolución socialista con banderas rojas; no se dio la toma del poder por parte de la clase obrera; ello es evidentemente cierto. Pero Brasil está hoy en pleno tránsito del crecimiento al desarrollo. Y los números avalan una sensación que hizo tornar la cabeza hacia las costas del Atlántico a muchos observadores del mundo.

En ocho años, la economía del país generó 14 millones de nuevos empleos; sacó a 26 millones de personas de la pobreza; 36 millones de habitantes pasaron a integrar la clase media, proviniendo de la clase baja.

En ese lapso, la clase media pasó del 30% al 50% del total de la población.

El PBI brasileño creció a un promedio del 4% anual (lo histórico era el 2%) mientras en todo Brasil se creaban 15 nuevas universidades y 117 institutos terciarios, multiplicando casi al doble las vacantes anuales.

El 16% de los niños de clase media que al comenzar la década de los 90 no recibían educación primaria fue reducido al 4%.

Se triplicó el presupuesto educativo y hoy en Brasil un docente gana por promedio 700 dólares mensuales contra los 300 que ganaba al asumir Lula.

El salario básico real se triplicó, pasando de 111 a 291 dólares, y la inversión industrial saltó de 7 000 a 35 000 millones de reales.

La pobreza pasó del 21.1% al 10.5 %, y la captura de la renta por parte de los asalariados, del 31% al 35% del PBI.

El Programa Bolsa Familia llega en la actualidad a 12.5 millones de familias y la Reforma Agraria pasó a distribuir 68 millones de hectáreas contra los 11 millones que reasignaba cuando comenzó. La desocupación tocó su piso histórico: 6.2%. Las reservas, en tanto, llegaron, al terminar 2010, a 288 575 millones de dólares, creciendo un 665%, mientras que la deuda pública que significaba el 60% del Producto hoy ronda el 40%. No es suficiente, sin dudas. Pero de allí a definirlo como parte del "reaccionario y retrógrado modelo económico de los regímenes latinoamericanos de centro izquierda" (según define al fenómeno James Petras) hay, nos parece, alguna distancia.

El caso Brasil, como el de todos los gobiernos que aquí nos ocupan, sufrieron embates de la derecha liberal y menosprecio de las izquierdas que prefieren quebrarse antes que arquearse levemente. ¿Por qué? Intentemos develarlo.

"Mal de muchos": los extremos se tocan

Después de la Segunda Guerra Mundial y hasta el comienzo de los años 80, el capitalismo productivo transitó su última fase; esa que aun con los adelantos que comenzaban a asomar en el horizonte (la revolución científico-tecnológica) seguía manteniendo aproximadamente sus relaciones de producción históricas. Las fábricas y la plusvalía a partir de la producción de bienes seguían siendo los fundamentos del modelo económico prevalente. Si los obreros trabajaban y producían, los patrones ganaban dinero.

La economía mundial, además, transitaba un ciclo de expansión y América Latina, aun con su subdesarrollo a cuestas, no estaba fuera de ese mundo. Aquél fue, entonces, el marco sobre el que se analizaron los caminos hacia el socialismo.

Las huelgas seguían siendo un arma fundamental de los trabajadores, y los sindicatos, aun con conducciones burocratizadas, eran poderosos jugadores en la disputa por la renta y las condiciones de trabajo.

Las oficinas, las fábricas, los talleres albergaban obreros, técnicos y empleados que compartían cada día una jornada de trabajo, sumaban conciencia si no de clase al menos sindical, mantenían un permanente intercambio humano y aprendían el valor de la solidaridad.

La desocupación, además, no era un flagelo generalizado. Muchos países habían alcanzado el pleno empleo.

Pero junto con el final de la década de los 70, ese capitalismo entró en agonía. De la mano del reagan-thatcherismo y la triunfante revolución tecnológica, llegaba una versión del modelo económico en el que sobraba la mano de obra; la producción de bienes iba siendo gradualmente reemplazada en cuanto a importancia por los servicios; y el capital financiero estaba por encima de la producción y el trabajo.

¿Dónde encajaban ahora Marx, Lenin, Trotsky y Mao?

¿Dónde la revolución rusa y hasta la cubana?

Tan determinantes eran los cambios que el insoslayable historiador Eric Hobsbawm, en su *Historia del siglo XX*, propuso a los efectos de los análisis históricos un siglo "corto", que habría comenzado en 1914 para concluir en 1989, con la caída de la Unión Soviética.

Nada nos parece más apropiado. Con ese siglo sin duda desapareció una manera de comprender el mundo, y fue menester crear nuevas categorías para reinterpretarlo.

Sin embargo, el neocapitalismo rentístico que alumbró en las últimas dos décadas del siglo pasado tal como normalmente lo medimos llevaba consigo −como hubiese dicho Marx− el germen de su autodestrucción.

La certeza de que el dinero, por sí sólo, podía producir más dinero, y que los bancos eran más importantes que las fábricas, conducía a paso firme hacia el abismo, aunque ni los propios gobiernos de los países centrales pudieron detener esa marcha.

Desechada la producción de bienes como fuente de plusvalía, el sistema financiero debió crear productos cada vez más sofisticados e inseguros para generar ganancias; aparecieron los indescifrables derivados, las hipotecas *subprime* en los Estados Unidos y el derrumbe estrepitoso del sistema financiero.

Curiosamente, nada de esto era sorpresivo. Indonesia, Tailandia, Rusia, México y, a la vuelta de la esquina, Argentina habían encendido destellantes luces rojas respecto de las consecuencias que producía este neocapitalismo rentístico.

Aunque en la medida en que –como sugería Freud– el dolor es un maestro cruel pero inefable, fueron los países del sur de América quienes mejor comprendieron la lección. Brasil, México, Colombia, Argentina, y en menor medida Venezuela, Ecuador y Uruguay, ya habían probado la amarga medicina.

Carlos Marichal, un lúcido historiador especializado en economía y doctorado en Harvard, apunta:

"La globalización financiera de los años 90, por ejemplo, no tomó por sorpresa a los múltiples analistas de la deuda externa latinoamericana, que ya habían estudiado las desastrosas consecuencias del endeudamiento de los años 70 y los aún más catastróficos resultados de las crisis financieras de los 80".

Y agrega más adelante:

"De hecho, desde el estallido de la crisis mexicana en diciembre de 1994, los colapsos financieros se multiplicarían en muchas partes del planeta. La inestabilidad y la volatilidad estimuladas por la desregulación financiera no eran en absoluto despreciables".

Esta comprensión, tallada a cuchillo en la conciencia de un sector de la dirigencia política sudamericana, fue la que habría de derivar, al terminar el siglo, en la implementación de modelos económicos que, como mínimo, favoreciesen la reinstauración del viejo capitalismo productivo.

La puesta en marcha de enérgicos programas de industrialización, sustitución de importaciones y decidido impulso al mercado interno mediante la redistribución de la renta conformaron, básicamente, las columnas sobre las que se apoyó, y se apoya, el diseño económico-social de los gobiernos de centro izquierda latinoamericanos.

Con excepción de las proclamas de Hugo Chávez, no hubo promesas de "marcha pacífica al socialismo", como en el Chile de Salvador Allende, ni de "Perón, Evita, la patria socialista", como en la Argentina de 1973. En realidad, las administraciones centro izquierdistas surgidas en el sur de América responden bastante a lo que postuló Anthony Giddens en la década de los 90, y refutaron mucho antes Carlos Marx, Rosa Luxemburgo, Lenin, y también uno de los padres del liberalismo económico, Ludwig Von Mises: la tercera vía; una postura económica que tuvo el raro "halago" de cosechar críticas tanto por derecha como por izquierda.

Giddens, como sus antecesores, creía que era posible alcanzar el desarrollo merced a un modelo económico que no librase su suerte sólo a los devaneos del mercado, pero que tampoco eligiese la ruta de la planificación socialista.

Lo atractivo de esta fórmula, considerada un "reformismo burgués" por Lenin, era poder valerse de lo mejor de cada uno de los sistemas económicos dominantes.

Una verdadera herejía para el marxismo que no dudó en calificarla como la peor trampa tendida a los trabajadores. Ese capitalismo "con rostro humano" era infinitamente peor que el capitalismo salvaje, en la medida en que adormecía la conciencia de clase y los alejaba de la revolución.

No fue casual, entonces, que los diversos populismos que surgieron en América Latina a lo largo de la historia fuesen tan duramente atacados por la izquierda ortodoxa, acaso más que a los regímenes neoliberales.

Pero si algo ha podido exhibir la tercera vía es el contar con enemigos de fuste. Ya en 1927, uno de los mayores pensadores de la Escuela Austríaca de Economía, Ludwig Heinrich Edler von Mises, escribía casi con furia:

"Simplemente, no hay más opciones que las siguientes: abstenerse de interferir en el libre juego del mercado o delegar el manejo completo de la producción y distribución en el gobierno. Capitalismo o socialismo: no hay un camino intermedio".

Capítulo 4

UN PINGÜINO NADA FRÍO

"Hay vida después del Fondo".
Néstor Kirchner

Argentina es un país poco común en el concierto latinoamericano. Conformado socialmente a partir de sucesivas olas inmigratorias, fue, durante al menos un par de siglos, una suerte de "pequeña Europa", incómoda entre tanto vecino mestizo. Y así como Brasil es el único país latinoamericano que no comparte idioma con el resto del subcontinente, Argentina no compartió idiosincrasia ni pertenencia, embelesada por las luces de París y los puentes de Praga, a los que lejanamente (o no tanto) se sentía emparentada.

Rebelde por naturaleza, pero con la perniciosa tendencia a tropezar más de una vez con la misma piedra, pocos se asombraron cuando en diciembre de 2001, el entonces presidente Fernando de la Rúa, que apenas llevaba dos años de mandato, debió huir en helicóptero mientras en las puertas de la Casa de Gobierno, manifestantes y policías se enfrentaban con violencia dejando un saldo de 34 ciudadanos muertos.

País tentado por los extremos, Argentina contó con una de las más numerosas militancias revolucionarias en los años 70 del siglo pasado, cuando la vía de las armas se propagaba por el continente, y el país acabó sumido en una dictadura tan cruel y salvaje como ni Chile bajo la capa de Pinochet llegó a padecer.

Al comenzar la década de los 90, reagan-thatcherismo mediante, Argentina atravesó decidida y con paso firme el dorado portal de la nueva tierra prometida: el neoliberalismo.

La guerrilla revolucionaria era un mal sueño del que no se debía hablar, y la "patria socialista", una enfermedad de juventud. El Estado mínimo, las privatizaciones, el mercado desregulado y las reformas laborales eran ahora los modernos becerros de oro. Una vez más, el país se disponía a ser el mejor representante de los nuevos tiempos en América Latina. Si en los 70 había sido el más revolucionario, en los 90 sería el más neoliberal. Y lo fue.

Malos tiempos

Carlos Menem, el presidente argentino que condujo la cruzada hacia el mercado puro, llegó a ser felicitado calurosamente por los directores del Fondo Monetario Internacional, debido a la calidad de alineamiento que mantenía con las directrices trazadas desde Washington.

El riojano agradeció con un inglés tan esperpéntico como sería el futuro de los argentinos diez años más tarde.

A Menem lo sucedió un variopinto engendro político, pretenciosamente denominado "Alianza por el Trabajo, la Justicia y la Educación". Pronto los argentinos cortaron por lo sano y pasaron a llamarla "La Alianza", acaso intuyendo que de toda la expresión, eso era lo único que por el momento se podían certificar.

Unidos con el exclusivo propósito de derrotar electoralmente a ese extraño peronismo neoliberal, los aliancistas fueron incapaces de percibir hasta las más sonoras señales de la hecatombe que se avecinaba.

En rigor, la agrupación política no tenía para ofrecerles a sus votantes más que un poco de cosmética barata: gestos más adustos, los términos "republicanismo" e "instituciones" siempre presentes en cualquier discurso, y una cacareada honestidad que acabó estrellándose contra un obsceno reparto de dádivas entre los legisladores para que votaran una reforma laboral en contra de los trabajadores.

El plan económico era, simplemente, "más neoliberalismo". El pensamiento único había calado tan profundo en buena parte de la dirigencia, que hasta el hecho de insinuar objeciones al modelo sonaba pecaminoso.

El final de ese armado político de ocasión fueron las trágicas jornadas de aquel luctuoso diciembre de 2001. Pero para los argentinos, esos días significaban sólo el comienzo de una noche devastadora.

Cinco presidentes en una semana; 60% de pobreza; 30% de indigencia; 25% de desempleo; ruptura de la cadena de pagos, comenzando con la cesación de pago de la deuda externa; cheques sin fondos; bancarrota de decenas de pequeñas y medianas empresas; bancos fugando los depósitos que los ahorristas no podían extraer porque una ley de último momento se los impedía; cientos de nuevos despidos cada día...

En estado de desesperación, los argentinos salían a las calles golpeando cacerolas y gritando en relación con los políticos: "¡Que se vayan todos!", expresión de repudio paradigmática que luego viajaría por el subcontinente, y que a mediados de mayo de 2011 resonaría en las calles de Madrid, Barcelona, Sevilla, Granada y Valencia.

Argentina se había convertido en un caso de estudio para los economistas del mundo. Anne Krueger, la ex funcionaria del Banco Mundial, debió estar feliz en su despacho de economista al comprobar que sí, los países también podían ir a la bancarrota.

¿Podría Argentina salir de tal atolladero?

El 25 de mayo de 2003, con apenas el 22% de los votos, entró a la Casa Rosada, convertido en presidente, Néstor Carlos Kirchner. Venía de Santa Cruz, una lejana provincia petrolera del sur de Argentina, y había sido parte de aquellos grupos revolucionarios de los años 70.

Insolente, empecinado, optimista por naturaleza, asumía el comando de una nave escorada, que hacía agua casi por todos lados. Pero, como dijo en su discurso de asunción, ese santacruceño no estaba dispuesto a dejar sus convicciones en la puerta de la Casa de Gobierno.

Kirchner (llamado "el Pingüino" por su nariz prominente y su origen austral) tenía tres tareas urgentes por realizar si pretendía no volver a su provincia a bordo de un helicóptero como Fernando de la Rúa: reactivar la economía en el menor tiempo posible; bajar el desempleo y la pobreza; renegociar la deuda externa logrando una fuerte quita para que los acreedores no se devorasen casi todo el presupuesto.

Tarea ciclópea para quien había llegado a la presidencia con tan bajo nivel de popularidad. Aunque, a decir verdad, en la Argentina de aquellos años, ningún político podía exhibir (tal vez ni siquiera aspirar a) mejores niveles de aceptación.

El toro por las astas

Fiel a su historia como militante y a esa hiperactividad que caracterizaría toda su gestión, Néstor Kirchner inmediatamente tomó el toro por las astas con dos decisiones que serían centrales a lo largo de todo su gobierno.

En lo económico, y sin amilanarse por los pronósticos agoreros de los gurúes de la city, permitió la devaluación de la moneda hasta que estuvo en el valor que consideraba apropiado y, desde allí, comenzó a administrar el tipo de cambio.

Los resultados fueron casi inmediatos: favorecidas por la alta competitividad que les daba una moneda depreciada, las exportaciones crecieron a un ritmo vertiginoso, generando, después de más de 60 años, un desconocido superávit comercial que, con el pago de la deuda suspendido, se transformó en superávit fiscal.

La derecha nativa y los economistas del *establishment*, los mismos que, con sus recetas, habían mandado al país a un callejón sin salida, acusaron al nuevo presidente de producir un deterioro de los salarios con la depreciación monetaria. Eso era cierto, pero sólo en parte.

La enorme restricción del consumo padecida por Argentina durante años y la gran capacidad ociosa del aparato productivo moderaron los aumentos de precios, al menos hasta que la recuperación económica comenzó a tomar impulso y el desempleo empezó a descender. El objetivo de Kirchner y su ministro de Economía, Roberto Lavagna, era precisamente ése: reincorporar trabajadores al sistema y consolidar el crecimiento. La segunda decisión trascendente del santacruceño fue de tenor político. Había llegado con el 22% de los votos, había sido superado en primera vuelta por Carlos Menem (que se alzó con el 25%), y no pudo tener revancha en *ballotage*. El ex presidente Menem, convencido de que sería derrotado por Kirchner en una segunda vuelta, decidió no presentarse a competir, escamoteándole así a su adversario el capital político que hubiese conquistado con un triunfo cercano al 60%, tal cual pronosticaban los encuestadores.

Con la magra cosecha de votos y la desconfianza por parte de los sectores progresistas y de centro izquierda, que era en quienes el nuevo mandatario pensaba apoyarse, Kirchner jugó fuerte, como habría de hacerlo en todo su período presidencial.

Convocó a los organismos de derechos humanos ("Madres..." y "Abuelas de Plaza de Mayo", en especial), y les prometió avanzar con un viejo reclamo de esas organizaciones: impulsar el juicio y castigo a torturadores y genocidas de la última dictadura. Lo haría enviando al Congreso un proyecto de ley que derogase las dos leyes que les habían garantizado impunidad a los represores: la de Punto Final y la de Obediencia Debida.

Para entonces, el santacruceño contaba con apenas 14 diputados propios, y un par de senadores que le respondían, entre ellos su esposa, Cristina Fernández de Kirchner. El resto de los integrantes del Partido Justicialista (PJ) estaban alineados con Eduardo Duhalde (presidente provisional tras la debacle de 2001) y Carlos Menem, y ninguno de ellos elegía "revolver" el pasado.

Pero la tácita alianza que el nuevo ocupante de la Casa Rosada había establecido desde aquellas reuniones con los organismos defensores de los derechos humanos, y la natural simpatía que generó en el progresismo vernáculo el compromiso presidencial, bastaron para que la opinión pública, en virtud de prédica de estos sectores, se inclinara mayoritariamente a favor de la derogación de las leyes de impunidad. Y el Parlamento no pudo más que votarla.

Todavía, a la mayoría de los políticos les costaba caminar por la calle sin ser insultados, y pocos se atrevieron a contradecir el evidente sentir de una buena parte de la sociedad. Con el paso de los años y con la reconstrucción de la economía y del tejido social, sin embargo, aquella postura complaciente de la oposición cambiaría radicalmente, al punto de apoyar sin pudor a las corporaciones en el Parlamento.

Pero algo se había producido entre el nuevo presidente y su pueblo, que la derecha más cerril no pudo percibir ni al momento de la asunción, ni ya con Cristina Fernández de Kirchner en el poder: el Pingüino se había sentado en el sillón presidencial dispuesto a rebelarse contra la histórica sumisión de la política al poder económico y mediático.

Beatriz Sarlo, una reconocida intelectual de izquierda argentina que en todo momento criticó y critica al kirchnerismo, debió reconocer, sin embargo:

"Después de diciembre de 2001 pareció que nadie iba a escuchar nada más. Y, sin embargo, no fue así. El 2001 quedaba en el pasado, y la gente en la calle (mucha de la cual había votado a Menem en los noventa) le ajustaba cuentas al menemismo, como si en el medio no hubiera estado el gobierno de la Alianza. Estos efectos de novedad son los que producen el escenario para que un político hable y sea escuchado".

Por regla general, tanto en política como el seno de la sociedad, los "efectos de novedad" no suelen aparecer por generación espontánea, pero vale el reconocimiento viniendo de una pensadora que siempre observó con desprecio al "populismo" kirchnerista. Algo tenía para decir el nuevo político y algo creyó la gente que tenía para escuchar de él.

Conocedor del valor que tiene para un presidente estrenar la banda, el hombre llegado del sur tomó otras dos decisiones que irían en el mismo sentido que la anterior: descabezó a la cúpula de las fuerzas armadas, hizo otro tanto con la policía y metió la mano en un nicho tan despreciado como poderoso: la Corte Suprema de la Nación, esa que había sido conformada al paladar de

Carlos Menem para conducir desde los tribunales el proceso de privatizaciones y la implantación del neoliberalismo extremo. Le reclamó al Parlamento que instruyera el juicio político contra varios de los altos magistrados, incluyendo al presidente, Julio Nazareno, y puso también a consideración de los legisladores un nuevo mecanismo para la designación de los jueces supremos, que limitaba la injerencia del Poder Ejecutivo en su nombramiento.

El logro fue tan resonante que hasta la oposición debió aprobar la medida. Cuando la llamada "mayoría automática" de la Corte, esa que votaba sin chistar lo que pedía la presidencia, se despedía del Palacio de Tribunales, muchos argentinos sintieron que algo, en efecto, empezaba a cambiar en la política doméstica.

Los números comienzan a cerrar

El 12 de octubre de 2005 se llevaron a cabo en Argentina las elecciones legislativas. Se renovaba la mitad de la Cámara de Diputados y un tercio de la Cámara de Senadores. Había llegado, pues, el momento de que Néstor Kirchner relegitimara su gestión y, al mismo tiempo, obtuviera una mayoría parlamentaria que lo liberara de largas y penosas negociaciones para sacar adelante las leyes que necesitaba.

El mosaico político en Argentina históricamente estuvo dominado por dos grandes agrupaciones: el Partido Justicialista (los peronistas) y la Unión Cívica Radical (partido éste que había conducido la penosa experiencia de La Alianza). Pero a esta altura había sufrido una rara fragmentación. Kirchner, que provenía de la izquierda peronista, enfrentó los comicios presidenciales aliado con una parte del PJ tradicional, y un conglomerado de fuerzas adherentes, en especial organizaciones sociales, bajo el rótulo de Frente para la Victoria.

De tal manera, el presidente tenía frente a sí dos desafíos: encolumnar detrás de su figura a una buena parte del peronismo tradicional y mantener la cohesión de los sectores de centro izquierda no peronistas que lo acompañaban.

Con pulso de artesano y un pragmatismo a prueba de balas, el santacruceño, montado sobre sus logros en materia económica y en el plano de los derechos humanos, hizo del Frente para la Victoria una locomotora electoral que se alzó, en las mencionadas elecciones legislativas, con el 45.1% de los votos, relegando al PJ oficial a un lejano segundo lugar con el 17.9% de los votos, y confinando a la UCR a un escuálido 7.5% de las preferencias populares.

Mucho de todo eso se había debido a la decisión del gobierno (materializada al comenzar 2005) de avanzar con la tercera de sus prioridades: renegociar la deuda externa en términos, a simple vista, inaceptables para los acreedores. Pero el presidente estaba dispuesto a terminar con la mayor cesación de pagos de la historia de la humanidad (178 mil millones de dólares), con la condición de que fuese el puntapié inicial para encarar un camino de desendeudamiento definitivo.

A fines de 2004, el gobierno ya había dado el primer paso de lo que para los economistas del *establishment* sería una gesta que acabaría en derrota. Se equivocaron, y era sólo el primero de sus múltiples pronósticos erróneos.

Cediendo sólo a una de las exigencias de los organismos de crédito, que reclamaban liberación de las tarifas de servicios públicos (congeladas por el gobierno); reparaciones económicas a los bancos (obligados judicialmente a devolver los depósitos de los ahorristas en la moneda en que habían sido captados); y un superávit primario del 3% del Producto Bruto, el presidente y su ministro lograron extender los plazos de vencimiento de una deuda de 21,610 millones de dólares, a cambio de comprometer el superávit primario que reclamaban el Fondo Monetario, el Banco Mundial y el Banco Interamericano de Desarrollo. Nada de descongelar tarifas ni de compensar a los bancos que se habían alzado con los ahorros de los argentinos.

Sin embargo, la verdadera gesta fue la que se puso en marcha antes del triunfo electoral de medio término: renegociar los otros 157 mil millones de dólares, en manos privadas, prolongando plazos y exigiendo fuertes quitas de capital. De ese total, 104 mil millones estaban en manos de acreedores extranjeros.

No sonaba simple que los ávidos prestamistas aceptaran las condiciones del soberbio mandatario venido de la Patagonia, mientras observaban que 2004 había terminado con un crecimiento económico del país que perforaba el techo del 8%, cifra casi sin precedentes en la historia de Argentina.

Antes de que comenzara enero de 2005 (mes en que Argentina presentaría la oferta), las presiones externas e internas comenzaron a hacerse sentir. Diputados y senadores de la oposición, economistas, medios de comunicación y CEOs de las transnacionales iniciaron una campaña con la que buscaban aterrorizar a la población. Si se hacía una oferta mezquina –decían casi a coro–, Argentina continuaría en cesación de pagos, se convertiría en una paria en el mundo, y las notables mejoras económicas que se habían producido se desbarrancarían inexorablemente.

Pero Néstor Kirchner no estaba dispuesto a dejarse arriar por quienes pretendían retomar el timón del país desde las sombras. Con el discurso fuertemente confrontativo que lo distinguía les informó:

"No pagaremos deuda a costa del hambre y la exclusión de millones de argentinos, generando más pobreza y conflictividad social".

Y con esa sonrisa pícara con que solía provocar a sus adversarios, les avisó, además, que "los muertos no pagan deudas".

Al terminar febrero de 2005, y tras soportar operaciones políticas y reclamos judiciales, el gobierno argentino anunció lo inimaginable: los tenedores de bonos externos habían aceptado una quita gigantesca; los 104 mil millones de dólares se transformaron en 41,800 millones.

Restaba todavía renegociar una pequeña parte, pero el país regresaba al mercado de capitales cargando una mochila infinitamente más liviana. La incidencia de la deuda externa sobre el PBI había pasado del 134% al 48%.

Como frutilla del postre, y aguijoneado por los buenos resultados económicos y electorales, Néstor Kirchner festejó las Navidades de 2005 con otro anuncio que disparó la ira de la izquierda nativa. A caballo de los más de 27 mil millones de dólares de reservas, anunció que cancelaría de un solo golpe los 9 810 millones que el país le debía al Fondo, y lo invitó a retirarse de Argentina. Ya no tendría derecho a exigir políticas económicas de ninguna clase.

Pocos días antes, Luiz Inácio "Lula" da Silva había hecho lo propio con la deuda que Brasil tenía con el organismo. Resultó sumamente aleccionador para los habitantes de uno y otro país enterarse un mes más tarde que el presidente del Fondo Monetario Internacional anunciaba que, debido a las cancelaciones totales por parte de Brasil y Argentina, el organismo debería encarar una fuerte reestructuración de su plantilla de personal.

En términos cotidianos, Rodrigo Rato comunicaba que echaría a una buena cantidad de funcionarios que cobraban sus honorarios merced a una parte de los cuantiosos intereses que pagaban ambos países por sus deudas.

Entregar la antorcha

Al comenzar el último año de su gobierno, el hombre llegado de la lejana Santa Cruz podía exhibir datos que le hubieran asegurado la reelección en el cargo, sin dificultades. La pobreza había descendido al 27%, la indigencia al 10% y, más relevante aún, el desempleo caía al 8.7%, la cifra más baja de los últimos 13 años (recordemos las cifras de 2001: pobreza 60%; indigencia 30%; desempleo 25%).

Pero, "animal político" por antonomasia, las novedades en este rubro no le iban en zaga a los logros económicos. Para comenzar, Néstor Kirchner había logrado encolumnar tras de sí al poderoso aparato peronista, con el que había mantenido una relación traumática al llegar a la presidencia. También, en virtud de la reapertura de las negociaciones paritarias congeladas por más de una década, el santacruceño estableció una alianza estratégica con la central obrera (Confederación General de Trabajadores) que, más allá de ciertas rencillas, significaría un apoyo político sustancial cuando, más tarde, ya con Cristina

Fernández en el poder, fuera necesario confrontar con oposito-res y corporaciones.

Por fin, el vínculo tejido con los organismos de derechos humanos y con una multitud de organizaciones sociales le ase-guraba el apoyo más o menos crítico de casi todo el conjunto de la centro izquierda. Trotskistas y marxistas en general lo en-frentaban, pero el escaso peso específico de dichos partidos lo inquietaba poco.

Con alrededor del 75% de aprobación popular, Kirchner sólo debía preparar una modesta campaña electoral para asegurarse otros cuatro años en el sillón presidencial, pero, otra vez, sacó de la galera una jugada sorpresa: la candidata del Frente para la Victoria sería la senadora Cristina Fernández, su esposa; no él.

Los méritos de la candidata a sucederlo eran innegables y nada tenían que ver con la relación matrimonial. Más aún, en 2003, Cristina era más conocida que Néstor entre los votan-tes del resto de Argentina, con excepción de Santa Cruz, donde Kirchner era gobernador.

Sin embargo, que un presidente con todas las posibilidades de ganar con comodidad resignara la chance de un nuevo man-dato sonaba absolutamente novedoso. No era antojadiza la de-cisión, y el tiempo lo probaría, acaso dramáticamente.

Meses después de haber abandonado el poder, Kirchner explicó en un programa de televisión las razones de su paso al costado. El ex presidente creía que, con todas las batallas que aún debía librar el gobierno contra las corporaciones y un arco opositor cada vez más propenso a defender los in-tereses de aquéllas, conservar poder hasta el último minuto de mandato era fundamental. Pero un presidente reelecto, que ya no tendría posibilidad de continuar en el sillón tras cumplir su período, perdería ese poder padeciendo el sín-drome del "pato rengo", una figura adoptada por los políticos norteamericanos.

Esa figura ("*lame duck*") surge de la jerga marítima y se la uti-liza para definir a los barcos con alguna avería, que necesitan de otra embarcación que los asista para poder llegar a puerto.

La realidad se encargaría de subrayar de forma trágica lo acertado de la decisión. El 27 de octubre de 2010, a las 9:15 de la mañana, Néstor Kirchner padeció un paro cardiorrespiratorio que le provocó la muerte. Tenía apenas sesenta años de edad, pero su corazón ya le había dado varias señales de que la actividad política en un país como Argentina podía matarlo. Y él se rehusó a escucharlo.

Por entonces, el gobierno de Cristina apenas salía de un conflicto que había buscado derrocar al gobierno. Si hubiese sido Néstor el presidente, el país habría caído en un proceso anárquico de final incierto.

No ocurrió, porque exactamente tres años antes, otro 27 de octubre, Cristina Fernández de Kirchner se consagraba presidenta de la Nación con el 45.29% de los votos, evitando una definición en *ballotage*.

Tenía, en efecto, duras batallas por librar, y poderosos enemigos enfrente, aguardando el momento de lanzar el zarpazo.

Se ha dicho, equivocada o tendenciosamente, que a Cristina Fernández le aguardaba un período presidencial sereno y con pocos nubarrones en el horizonte; bien distinto del que le había tocado conducir a Néstor Kirchner. No era así en modo alguno.

El santacruceño, es verdad, debió tomar el timón del país en condiciones acuciantes, pero con una ventaja si se quiere paradójica: en 2003 Argentina no era grata para nadie. Desocupación, pobreza, descalabro financiero y empresarios en situación de marasmo. Ezeiza parecía ser la única salida para los argentinos.

En 2007, en cambio, el panorama era sustancialmente distinto por una razón fundamental: ahora había algo para repartir. El país había renegociado exitosamente su deuda externa, crecía a tasas muy elevadas, se había recompuesto el sistema productivo, y el mercado interno actuaba de poderosa locomotora en el crecimiento de la economía.

Llegaba el momento de comenzar un proceso de redistribución de la renta; de recuperar para el Estado los dineros de la previsión social, privatizados en manos de las AFJP, que de cada 100 pesos de aporte de los trabajadores se quedaba con 38 pesos en concepto de comisiones, invirtiendo el resto, en gran parte, fuera del país; y de desmontar el discurso único de los medios dominantes, merced a una democratización de las voces. En suma, Cristina Fernández debía conducir dos procesos que afectaban intereses muy poderosos: uno económico y otro cultural. Tarea dificilísima si se tiene en cuenta el nivel histórico de concentración económica y mediática que reinaba entonces en Argentina.

Una guerra salvaje alumbraba en el horizonte, y los belicistas no salieron defraudados.

Capítulo 5
LAS CORPORACIONES DESNUDAS

El 11 de marzo de 2008, en medio de la crisis económica que afectaba a Europa y los Estados Unidos y de la especulación financiera con alimentos que había hecho disparar los precios, fundamentalmente de los granos, en el mundo, el entonces ministro de Economía de Argentina, Martín Lousteau, decidió implementar un nuevo sistema de retenciones móviles sobre la soja, el trigo, el maíz y el girasol.

El objetivo era moderar las alzas y bajas de modo de estabilizar los precios internos, y aprovechar las ganancias extraordinarias de los productores para avanzar con un proceso distributivo e industrialista.

La Resolución 125, como se la conoció, proponía el aumento de las retenciones cuando los precios aumentaban, y la disminución de éstas cuando bajaban.

Sonaba razonable, pero no era razonabilidad lo que esperaban la oligarquía terrateniente y sus socios mediáticos, sino un motivo para exigirle la rendición incondicional a un gobierno que no parecía dispuesto a permitirles que fueran ellos los que tomasen las decisiones en el país.

También la oposición política, a derecha y a izquierda, aguardaba un resquicio para hacerle morder el polvo a un gobierno "montonero" (en referencia al grupo guerrillero de los años 70) para la derecha, y populista burgués para la izquierda.

El mismo día en que el ministro de Economía dio a conocer la resolución de marras, las cuatro entidades que nuclean a las patronales agropecuarias anunciaron un *lock out* que debía durar unos pocos días, pero la ola de apoyos que cosechó lo transformaron en el inicio de una cruzada golpista.

Una intensa campaña a favor de los productores agropecuarios por parte de los dos grandes grupos mediáticos de Argentina, exhibiendo a los terratenientes como víctimas de la voracidad estatal, pronto volcó a amplios sectores de clase media a solidarizarse con el movimiento que, catorce días después de haber lanzado el *lock out*, decidió extenderlo por tiempo indeterminado.

Las medidas incluían la no comercialización de granos, de leche y carne, y el bloqueo de las principales rutas del país mediante piquetes de hombres ligados a las entidades.

Describiendo el fenómeno, señalaron Eduardo Basualdo y Nicolás Arceo, dos destacados investigadores argentinos:

"Se trata de un enfrentamiento inédito, tanto por su duración como por la cohesión alcanzada por todas las organizaciones representativas del agro pampeano y los métodos utilizados durante su desarrollo (cortes masivos de rutas, desabastecimiento de alimentos a los centros urbanos, alianza con los transportistas, cacerolazos, etc.). No obstante, lo más peculiar de esta confrontación es que se desarrolla en una etapa en que todos los productores, sean pequeños, medianos o grandes, obtienen una elevada rentabilidad originada en la mayor devaluación del tipo de cambio real en la historia argentina, llevado a cabo en 2002 y en el notable incremento de los precios internacionales a principios de 2008".

Lo curioso (o no tanto) es que a lo largo de los 129 días que duró el conflicto, dirigentes de la derecha más extrema (algunos, viejos cuadros de la dictadura militar) y de la izquierda tradicional marcharon juntos por Buenos Aires y varias capitales de provincias, literalmente tomados de los brazos, protestando contra un gobierno elegido siete meses antes con más del 45% de los votos.

"El campo somos todos"

La decisión política que adoptaron ciertas organizaciones de la izquierda tradicional, apoyando en los hechos al sector más conservador, más rico y más reaccionario de la sociedad (emparentado siempre con las dictaduras militares que asolaron el país), deberá seguramente ser analizada por esas mismas organizaciones. Quizás allí encuentren algunos de los fundamentos por los que la clase obrera argentina se niega sistemáticamente a acompañar sus propuestas.

Lo que realmente importa comprender, y por lo que el conflicto adquirió volumen y le permitió a la derecha soñar con la caída del gobierno de Cristina Kirchner, fue el acompañamiento de amplias capas medias (con lemas como "El campo somos todos") en nada vinculadas con los intereses de los terratenientes. Sin ese apoyo, el *lock out* no hubiese sido más que otro intento por evitar una mínima redistribución de la renta que se concentra en pocas manos.

Un excelente trabajo de la socióloga Valeria Rodríguez Lamas, publicado casi al final del conflicto, aporta una primera pista sobre esa alianza:

"Referirnos al sentido común de la clase media invita a realizar una breve referencia gramsciana: si concebimos al sentido común como el sentido particular de una clase –en este caso la dominante– que es impuesto, asumido y naturalizado (y por tal, preservado de posibles cuestionamientos) por las clases subalternas; si aceptamos que este sentido es necesario y determinante en el proceso de construcción hegemónico, de dominación simbólica que ejerce el bloque de poder, la clase media es operante, funcional y custodia de los intereses dominantes".

"La falsa conciencia", hubiese dicho Engels, para sintetizar.

Pero hay algo más, que Rodríguez Lamas se encarga de señalar con claridad. Tanto la clase media como la izquierda tradicional justificaban su apoyo a la Sociedad Rural, cuyos miembros concentran el 70% de las tierras y pusieron a uno de sus hombres (José Alfredo Martínez de Hoz) como ministro de Economía de la última y más sangrienta dictadura militar, con el argumento de que, en realidad, ellos marchaban del brazo de los terratenientes, pero en apoyo a los chacareros.

"Chacarero", para el oído desprevenido, significa algo así como "pequeño campesino pobre", ese con el que la izquierda maoísta sueña hacer la revolución socialista.

El dato es que la mayoría de los "chacareros", o sea los tenedores de pocas hectáreas de tierra, ya no son "hombres de campo" sino rentistas, porque han debido alquilar sus parcelas a los grandes *pools* de siembra que producen a gran escala. Pero aun si lo fueran, Basualdo y Arceo añaden un dato que termina de completar el cuadro:

"De acuerdo con las estimaciones disponibles, la rentabilidad por hectárea de soja con posterioridad a la vigencia del nuevo régimen de retenciones móviles alcanzó, en pesos constantes de 2007, 1,232 pesos por hectárea, mientras que el promedio de 2007 había sido, medido en la misma forma y para idéntico cultivo, de 846 pesos por hectárea. Es decir que a pesar de la aplicación de las nuevas retenciones, el ingreso por hectárea de los productores se incrementó en un 45%".

Ningún trabajador argentino había obtenido tamaña suba en sus salarios. Ni siquiera muchos de los que, cacerola en mano, apoyaban a los "hombres de campo".

El prolongado y salvaje *lock out* de las patronales agrarias en Argentina merece ser observado con detenimiento por diversas razones; una de ellas, y no la menor, es que permite analizar el comportamiento del poder económico y mediático en el sur de América, para enfrentar a los gobiernos de centro izquierda e impedir que ciertas transformaciones encaminadas a disminuir la inequidad se produzcan.

Una segunda cuestión (que se verá con toda crudeza en Bolivia) es el nivel de agresividad con que este poder económico-mediático defiende no ya sus ganancias, que por lo general no fueron mayormente afectadas, sino su "derecho" a conducir los destinos de estos países.

Tirar comida

Redistribuir, hacer descender los niveles de pobreza e indigencia, asegurar determinados plafones de salud y educación para la franja más vulnerable de la población supone, ahora sí, generar mayores posibilidades de toma de conciencia. Y esa toma de conciencia es el enemigo número uno a derrotar por los históricos dueños del poder en América Latina.

Con más de trescientos cortes de ruta a lo largo y a lo ancho de toda Argentina, con escasez de alimentos y combustibles (los camiones eran detenidos en los caminos), despidos de trabajadores en algunas industrias ligadas a la actividad agropecuaria y merma del turismo interno, el *lock out* patronal, intensamente fogoneado por los medios de difusión dominantes, lograba un conmoción inimaginable hasta antes del 11 de marzo.

El país se había dividido. Martín Lousteau, el ministro de Economía debió renunciar, y tanto la derecha como la izquierda política se subieron al carro de un conflicto que escalaba sin cesar y prometía reportar jugosos dividendos a los distintos partidos opositores.

Se estaba a favor del "campo" o se estaba "en contra del país", porque "el campo" (así, genéricamente, como si peones y terratenientes estuviesen en un pie de igualdad) era "la gallina de los huevos de oro" a la que la voracidad oficial pretendía estrangular.

Elisa Carrió, la dirigente de la derecha más activa, afirmaba por televisión que "la gente" en la calle le decía: "Los queremos matar", refiriéndose a Cristina y Néstor Kirchner. Alfredo de Ángeli, dirigente ruralista de la provincia de Entre Ríos, admitía que los piquetes que cortaban rutas estaban armados, pero sólo "para defenderse de algún chancho", y las cámaras de televisión mostraban camiones transportadores de leche, derramando miles de litros sobre el pasto, como protesta contra la intransigencia de la presidenta en no retroceder con la medida.

Pero tampoco el gobierno estaba libre de culpa y cargo. Había cometido graves errores que acabaría pagando con una sonora derrota en el Parlamento y, al año siguiente, en las elecciones legislativas. La más importante: no haber disminuido el porcentaje de retenciones para los verdaderos pequeños y medianos productores.

Podrá decirse que ello no era algo crucial, porque aun los más chicos disfrutaban de rentas muy altas, pero igualar a todos les dio argumentos a quienes no podían admitir frente a la sociedad que apoyaban el *lock out* porque coincidían con los terratenientes.

Tanto fue así que cuando el gobierno, en una de las tantas reuniones con la Mesa de Enlace (donde se agrupaban las cuatro entidades patronales), ofreció segmentar las retenciones y sumó el beneficio de compensar el flete para quienes estaban lejos del puerto de Buenos Aires, los patrones rurales rechazaron ambas concesiones. Y si se tiene en cuenta que la Federación Agraria Argentina (que representa, precisamente, a los pequeños y medianos productores) era parte de la Mesa de Enlace, el desplante debió haberle costado la cabeza a Eduardo Buzzi, presidente de la entidad, pero no fue así. Nadie exigió la renuncia de quien había alineado los intereses de los más chicos a la hoja de ruta de los poderosos.

El segundo error serio del gobierno fue no haber previsto que una medida con tan alto valor simbólico requeriría haberse asegurado, al menos, una cierta paridad de fuerzas con el complejo mediático.

Para el 1 de abril, la situación se había vuelto explosiva. El desabastecimiento se generalizaba y varios productos de primera necesidad habían aumentado el precio hasta el cien por ciento. El diario *Página/12* de ese día dio cuenta de que, hasta el momento, "se perdieron más de 6 millones de litros de leche y 2 millones de kilos en fruta y verdura". Además, por falta de alimento, debieron sacrificarse 1 300 000 pollos.

Todo un pecado en un país que se proponía dar suficiente alimento a millones de personas. No obstante y con rostro provocador, el presidente de la asociación agraria, Eduardo Buzzi, dijo: "Ya demostramos que podemos desabastecer". Esto era: encarecer por un lado y por otro tirar comida.

El poder oligárquico-mediático estaba dispuesto a ir a fondo para deshacerse de un gobierno que se empeñaba en no dejarlos gobernar en su lugar.

El vicepresidente opositor

Al comenzar el mes de mayo, y tras haberse cobrado la "cabeza" del ministro de Economía, las patronales agrarias (con los cañones mediáticos detrás y una clase media enfurecida contra el gobierno) exigieron una rendición incondicional: la retenciones debían ser eliminadas sin más trámite.

El objetivo tenía menos que ver con la recuperación de las ganancias extraordinarias, que con desfinanciar al fisco. Esto último se convertiría casi en una estrategia para la oposición política luego de terminado el conflicto agropecuario.

Al promediar el mes de junio, mientras el precio de la soja volaba hasta los 573 dólares la tonelada (186% más que en 2004 y 27% más que al comenzar el conflicto), la situación en Argentina se había vuelto irrespirable. Rutas cortadas, falta de alimentos y aumentos en los precios de éstos; intransigencia de las patronales ante cada nueva concesión negociadora del gobierno y estímulo mediático para continuar con la escalada...

El 15 de junio, el escritor Mempo Giardinelli publicó una nota en el diario *Página/12* que resumía a las mil maravillas la situación:

"Ya no es sólo el sector rural –completamente sobrepasado por la irresponsabilidad de sus cuatro dirigencias–; éste es un golpe forzado por la ultraderecha y la ultraizquierda vernáculas, a fuerza de mentira periodística, de fogonear el miedo con mails incendiarios y de programas de telebasura que han posicionado un hartazgo que no es más que hartazgo de la mala onda mediática pero astutamente disimulado. Han enfurecido a una parte de la sociedad. Han hecho todo lo que antaño precedía a los golpes militares".

En efecto, ante la imposibilidad de acudir a las bayonetas, como era de rigor en Argentina antes de 1983, las corporaciones acudían a una nueva artillería y a nuevos generales: los medios hegemónicos y sus editores responsables. Dos días después de la columna de Giardinelli, Cristina Fernández de Kirchner le anunció a todo el país que había decidido enviar el Proyecto de Resolución N° 125 al Parlamento para que fuera tratado allí. En los hechos, renunciaba a una prerrogativa del Poder Ejecutivo: fijar derechos de exportación.

Con modificaciones, el proyecto se aprobó en la Cámara de Diputados y fue girado al Senado.

En la madrugada del 17 de julio, doce días después de la aprobación en Diputados, la Cámara de Senadores se dispuso a votar. Como pocas veces se había visto, el resultado fue un empate, 36 a favor y 36 en contra.

Debía desempatar el vicepresidente Julio Cobos, hombre que había roto con la Unión Cívica Radical para sumarse al proyecto kirchnerista.

Pero aquella noche, Cobos demostró hasta qué punto era, también él, funcional a las corporaciones que estaban urdiendo su trama y ejerciendo presión sobre los influenciables. Y en un hecho inédito, el vicepresidente votó en contra del gobierno al que pertenecía.

Cobos se transformó entonces en el supuesto líder de la oposición, sin tener la grandeza de renunciar a su cargo. Pero ese liderazgo no estaba respaldado por una estatura política acorde, y cumplido su papel del momento, su imagen se fue diluyendo hacia la nada.

Doblar la apuesta

El *lock out* de las patronales agrarias en Argentina constituyó, junto con la brutal embestida de la derecha boliviana contra el presidente Evo Morales, una precisa radiografía de la diferencia de intereses entre la centro izquierda latinoamericana y el neoliberalismo precedente. Bien mirado, el conflicto entre el gobierno electo y "el campo" no fue económico sino político; se discutía, aun contra la evidente directiva de las urnas y la voz de la Constitución Nacional, en manos de quién (y al servicio de qué) debía estar el timón del Estado. Y quienes tenían el legítimo derecho de gobernar no salieron indemnes. En las elecciones legislativas que el gobierno decidió adelantar para el 28 de junio de 2009, el partido oficial, si bien obtuvo la primera minoría en el recuento general de votos, perdió por dos puntos la elección en la provincia de Buenos Aires, y 16 puntos porcentuales respecto de los guarismos con los que Cristina Kirchner había sido ungida presidente (o presidenta, como elige ser llamada) menos de dos años antes.

La clase media había roto, al menos circunstancialmente, con el gobierno. Y los distintos partidos opositores, a derecha y a izquierda, arreados por los medios de comunicación hegemónicos, se convirtieron en "la oposición", como si todos ellos fueran una sola cosa, proclamándose vencedores bajo la sorprendente denominación de "Grupo A", contra el supuesto "Grupo B" que era el Frente para la Victoria.

Aquella aparentemente monolítica oposición era fruto de una cabriola política jamás vista en el mundo. Allí convivían desde la derecha del PRO de Mauricio Macri, y la Coalición Cívica de Elisa Carrió, hasta la izquierda del Proyecto Sur de Fernando Solanas; y desde la centroderecha de la Unión Cívica Radical de Ricardo Alfonsín, la centro izquierda del Partido Socialista de Rubén Giustiniani.

Todos juntos, como si fueran, en efecto, un partido único, le arrebataron al Frente para la Victoria la totalidad de las comisiones parlamentarias, votaron mancomunados y procuraron, con un proyecto tras otro, desfinanciar al fisco o forzar el veto presidencial.

No lograron ni una cosa ni la otra (la presidente debió acudir sólo una vez al veto), pero hicieron del Congreso Nacional un campo de batalla en el que las corporaciones, valiéndose del "Grupo A", procuraron clausurar cualquier iniciativa oficial (en especial las que afectaban sus intereses) y, antes que nada, buscaron destruir el superávit fiscal que había acumulado el gobierno.

Pero en aquellos días aciagos en que un gobierno "derrotado" en las urnas, y apedreado por los poderes corporativos mediante la artillería mediática y "la oposición" política, la presidenta, respaldada por Néstor Kirchner, tomó un rumbo inverso del que solían elegir los gobiernos argentinos hasta entonces; en lugar de retroceder y someterse a los dictados corporativos, redobló su propia apuesta.

En octubre, cuatro meses después de la derrota con la Resolución 125, Cristina Fernández envió al Congreso un proyecto de ley que reestatizaba el régimen de jubilaciones y pensiones, privatizado durante la presidencia de Menem. Antes de eso, en julio, el Congreso ya había aprobado el rescate de las dos líneas aéreas de bandera, Aerolíneas Argentinas y Austral, y el 29 de octubre de 2009, sancionó un decreto según el cual se generalizaba la "Asignación universal por hijo", esto es, un subsidio para que "todos" los padres pudieran alimentar mejor y enviar a la escuela a sus niños. Aun con "la oposición" en contra, Cristina logró también que se aprobaran aumentos dos veces al año para jubilados, y avanzó con un proyecto de ley que apuntaba directo al corazón de los grupos mediáticos hegemónicos: la Ley de Servicios de Comunicación Audiovisual, que tenía por objeto principal desmonopolizar la tenencia de medios, democratizar la emisión de opinión y liberar a la gente del mensaje único.

Luego llegaría la Ley de Matrimonio Igualitario, atacada con ferocidad por la derecha y la Iglesia Católica, que veían cómo, tras una medida revolucionaria en términos universales, las parejas podían unirse y disfrutar de derechos y obligaciones más allá de la opción sexual que tomaran.

Para mediados de 2010, tanto el humor social como la fortaleza corporativa-mediática habían ya comenzado a cambiar. "La oposición" había ido de papelón en papelón, y cuando se supo que sus principales referentes se habían reunido a cenar con el CEO del Grupo Clarín, dueño del 70% de las comunicaciones en Argentina, muchas máscaras se derrumbaron de repente.

En paralelo, la imagen positiva de la presidenta aumentaba en la sociedad. Al margen de los innegables resultados de las medidas económicas y políticas tomadas, la aprobación popular se debía también en parte a un cambio de rumbo en la comunicación masiva, implementada desde la Casa Rosada. Se había decidido hacer sonar otra campana. Desde el gobierno se ayudó a fundar varios medios periodísticos afines a su tarea o al menos difusora de ella. Y éstos, poco a poco (cabalgando sobre el hartazgo que en el ciudadano común comenzaban a producir los siempre incumplidos pronósticos apocalípticos, en contraposición con la fortaleza que exhibía la economía), fueron desenmascarando a "la oposición" y sus jefes reales: las corporaciones. Otro hecho llevó bien lejos las aguas opositoras. La imprevista muerte de Néstor Kirchner, el 27 de octubre de 2010, reveló una Argentina impensada. Cientos de miles de personas colmaron la céntrica Plaza de Mayo para darle el último adiós al ex presidente, en una movilización popular como no se veía en el país desde hacía décadas. El dato sobresaliente fue la masiva presencia de jóvenes, en algunos casos de no más de 15 años. Eso no se veía desde que la dictadura militar arrasara con los arrestos naturales de la juventud, además de sesgar una generación política entera.

Aquél fue el golpe de gracia para la pegoteada "oposición" que, con ojos azorados, veía cómo el destino les arrebataba al "objeto" destinatario de todos sus odios y de todas sus furias. De pronto, el hombre al que acusaban de todo lo que era posible acusar había desaparecido y era casi venerado por un pueblo que lo lloró dos días seguidos.

Varios meses después, Acción Comunista, uno de los pocos aliados del gobierno desde la izquierda marxista, decía en su foro:

"Progresivamente el Kirchnerismo ha logrado ir cumpliendo con varios preceptos de la izquierda. Estatizar el correo, estatizar aerolíneas y sobre todo los fondos de los jubilados, el matrimonio igualitario, la ley de medios (reclamo histórico de los socialistas), la política reparadora de los derechos humanos violados durante el último genocidio en el país, su actitud frente al ALCA, UNASUR, el Banco del Sur, y otras en armonía con los reclamos populares [...] Pero la oposición de izquierda en la Argentina no reconoce estos logros, y ante este contexto resulta –consciente o inconscientemente– funcional a otros intereses que no son los del pueblo".

"Mal de muchos": los poderes judiciales

América Latina entró al siglo XXI arrastrando una preocupante falta de sistemas judiciales confiables. No sólo por los altos niveles de precariedad padecidos por la normativa legal, siempre provisoria y presta a ser modificada según las necesidades políticas y económicas de cada momento, sino por la calidad y el proceder de quienes deben aplicar las leyes: jueces, fiscales, secretarios y, desde ya, tribunales de alzada, incluyendo las cortes supremas.

Los sucesivos períodos dictatoriales y la particular naturaleza de un Poder (el Judicial) con fuertes rémoras monárquicas suelen estar a la cabeza de las razones que explican la inclinación natural de los tribunales a fallar en línea con los intereses sectoriales, más que con apego al verdadero Derecho.

La escasa imparcialidad de quienes deben administrar "justicia" (o al menos actuar en concordancia con el espíritu de las leyes, que no siempre tienen que ver con la justicia) y la conciencia que de esto tienen los ciudadanos (basta ver las encuestas al respecto) han derivado en una malsana combinación de descreimiento e ilegalidad: se eluden las leyes porque se descree (con razón) de quienes las aplican, pero esa elusión convierte la convivencia en más difícil aun para quienes no tienen el poder de crear sus propias normas. Así, las víctimas de un poder judicial colonizado agregan penurias a su ya natural desprotección.

Introducirse en la problemática del Poder Judicial poco tiene que ver con el gastado cacareo "republicanista". La a menudo mal llamada "justicia" es una estrecha compañera de ruta de la política y de la economía, y puede favorecer o retardar considerablemente las transformaciones de un país.

A mediados de 2010, el presidente de Ecuador, Rafael Correa, convocó a un referéndum para consultarle a la ciudadanía, entre otras cosas, si estaba dispuesta a aceptar una reformulación del Poder Judicial, principal escollo para avanzar en los cambios votados por la sociedad.

En Argentina, cabalgando sobre lo provisorio de las medidas cautelares, los jueces siguieron impidiendo la entrada en vigencia plena de la Ley de Servicios Audiovisuales, votada por amplia mayoría en el Congreso y promulgada el 10 de octubre de 2009. Cabe aclarar que una medida cautelar es una diligencia precautoria excepcional; no es una sentencia, por lo que el plazo en que debe regir es breve. Sin embargo, en Argentina, un juez confirmó que dicha medida se extendería hasta el año 2013.

En Uruguay, la Corte Suprema de Justicia dictaminó que las violaciones a los derechos humanos cometidos por la última dictadura militar (asesinatos, desapariciones y torturas) no son delitos de lesa humanidad sino delitos comunes, por lo que prescribirán el 1 de noviembre de 2011, mientras el gobierno y vastos sectores populares se juraban no resignar los actos de reparación histórica.

En Paraguay, tres jueces restituyeron en sus cargos a dos integrantes de la Corte Suprema que habían sido destituidos por el Congreso en juicio político bajo el cargo de mal desempeño en sus funciones.

En Bolivia, el Congreso aprobó una ley según la cual los integrantes de los máximos tribunales judiciales serán elegidos por el voto popular, comenzando, así, a romper el modelo colonial imperante en América Latina.

Ya no se trata solamente de que en un litigio común y corriente los jueces tiendan a fallar a favor del más poderoso o del más amigo; en la Latinoamérica de las centro izquierdas, los tribunales son proclives a poner sus votos al servicio de las corporaciones.

La cuestión no es menor, y adjudicársela exclusivamente a la supuesta corrupción de los magistrados conduce a ocultar la raíz de un problema notoriamente más profundo.

Lo cierto es que los poderes judiciales en América Latina continúan respondiendo a un modelo arcaico de justicia. Ese en el que los jueces acataban y daban cuenta de sus acciones al rey.

Un documento del Instituto de Estudios Comparados en Ciencias Penales y Sociales resume la cuestión:

"Los orígenes de la crisis actual de la justicia en nuestros países —y los problemas que ella presenta— no son nuevos, sino que hunden sus raíces en la forma del estado colonial. El sistema judicial de América Latina es básicamente inquisitivo, nacido en una época precisa y al servicio de una concreta estructura del Estado. Muchos de sus atributos centrales (carácter escrito, secreto, formalista, lento, dependiente, burocrático) son cualidades esenciales del sistema y no sus defectos".

Para el modelo colonial monárquico (a los jueces se los llama "Su Señoría", los tribunales son "palacios" y los cargos son vitalicios), los magistrados conformaban una elite iluminada que era parte de la Corte, en tanto actuaban para satisfacer "jurídicamente" las necesidades del monarca. Las sentencias sólo eran válidas si obtenían la venia real.

Hoy, en el subcontinente, "la familia judicial", como suelen denominarse corporativamente a sí mismos, continúa respondiendo al soberano, que puede ser el gobierno, cuando la administración política funciona en línea con el poder fáctico, o directamente a este último cuando, como en la actualidad, la política confronta con las corporaciones.

Respecto del sistema judicial en Chile, por ejemplo, dice el juez y académico Álvaro Flores Monardes:

"Reconoce sus orígenes remotos en el modelo monárquico español, que reprodujo en las colonias españolas el diseño continental de estructura piramidal y que mantiene, como rasgo inmodificado, en las organizaciones judiciales posteriores [...] Necesariamente dicha forma de organización, que deja sentir su influjo además en la forma de los procedimientos (primando los de corte inquisitivo) y en el sistema de revisión de las resoluciones (sistema de recursos) instituido igualmente sobre la idea de un férreo control ejercido sobre quien ocupa los niveles inferiores de decisión en el esquema piramidal, obsta al desarrollo de uno de los presupuestos esenciales de la función jurisdiccional; a saber: la independencia".

En países que han padecido, casi todos, procesos dictatoriales, quienes ocupan la cima de la pirámide del Poder Judicial, tal cual señala Flores Monardes, son, por lo general, los magistrados que han convivido y acatado los mandatos de aquellos regímenes de facto; y en muchos casos también lo han compartido, ideológicamente hablando.

Por ello, en los Estados en donde se han llevado a cabo (o se ha intentado hacerlo) juicios a los responsables de genocidio, fueron las cúpulas judiciales las que más trabaron los procesos. En Uruguay, como ya se ha consignado, la propia Corte Suprema clausuró la posibilidad de que los militares genocidas de ese país fuesen juzgados.

Desde el punto de vista estrictamente político y/o económico, en Argentina, por ejemplo, la Corte Suprema permitió y bendijo todo el proceso de privatizaciones de las empresas del Estado, aun aquellas realizadas en forma fraudulenta. Por medio de la figura del *per saltum*, la Corte podía apropiarse de un juicio llevado adelante por un juez no complaciente, sin pasar por instancias intermedias, como marcan los procedimientos. O sea, le arrancaba la causa sin más, cuando la sentencia se encaminaba a anular el proceso privatizador de marras.

En un excelente trabajo, escrito en 2007 y publicado al año siguiente, Catalina Smulovitz y Daniela Urribarri abordaron, precisamente, el rol determinante que, a partir de los procesos democratizadores en América Latina, adquirió el Poder Judicial en cada uno de dichos países. Dicen, por ejemplo:

"... ya sea por exigencias del proceso de transición democrática o por exigencias del proceso de reforma económica, las instituciones judiciales adquirieron una relevancia política e institucional decisiva para las elites económicas de la región, para los organismos financieros internacionales, así como para importantes sectores de la ciudadanía local".

Los distintos poderes judiciales pasaron a ser, con frecuencia, el muro de contención utilizado por las corporaciones y sus representantes políticos, para frenar transformaciones que afectaban o recortaban sus privilegios.

Apuntan las autoras, en este sentido:

"El fenómeno presenta diversas manifestaciones. En algunos casos se muestra bajo la forma de una mayor intervención de las cortes y de los jueces en la revisión de políticas públicas que ya habían sido decididas por agencias políticas, como las legislaturas o los ejecutivos, y en otros, la judicialización se manifiesta en la utilización de los procesos judiciales ordinarios para la petición y resolución de demandas sociales y políticas".

Reformar, entonces, los poderes judiciales de Latinoamérica se ha convertido para las administraciones centro izquierdistas en una tarea tan prioritaria como la distribución de la renta y la democratización de la palabra.

Más aún: mientras "Sus Señorías" sigan prestándose a funcionar como correa de transmisión de los intereses y privilegios del poder fáctico, ninguna transformación real será duradera, y acaso, ni siquiera posible.

Capítulo 6
EL HIJO DE LA PACHAMAMA

"No es posible que la hoja de coca sea legal para la Coca-Cola e ilegal para otros tipos de consumo medicinal en nuestro país y en el mundo entero".
Evo Morales, en la ONU, en septiembre de 2006

Igual que Luiz Inácio "Lula" da Silva, Juan Evo Morales Ayma llegó al sillón presidencial de su país desde el sindicalismo; no era un "doctor", ni un "general", como suele ser costumbre en América Latina.

El Palacio Quemado, que puede tomarse como un símbolo de la furia con la que se discute el poder en Bolivia (en 1875 los opositores a Tomás Frías incendiaron la Casa de Gobierno, procurando que las llamas se llevaran la vida del presidente), lo recibió el 22 de enero de 2006, tras obtener un 53.7% de los votos en las elecciones nacionales.

Llegaba de Oruro, de una familia de criadores de llamas. Había sido Secretario General del gremio que nuclea a los cocaleros (Confederación de Trabajadores del Trópico Cochabambino), preso político y víctima de la brutalidad policial que tras golearlo salvajemente lo abandonó en el monte suponiéndolo muerto.

No era para menos: Evo Morales se enfrentaba a los dictados de Washington, que le habían ordenado al entonces presidente Hugo Banzer Suárez la erradicación total del cultivo de coca, en ese país empobrecido por una concentración de la renta tan escandalosa como casi no se había visto en el resto del subcontinente.

Como conductor del MAS (Movimiento Al Socialismo), Evo, un "indio" uru-aimara, pastor de llamas y cocalero, entró al palacio gubernamental como presidente porque Bolivia se tambaleaba al borde de un precipicio que amenazaba desintegrarlo como país. Un indio: para la vieja clase dirigente y la oligarquía "blanca" de ese territorio del altiplano, aquello era una afrenta que se disponían cobrarse.

"Casualmente", aunque no con el mismo discurso ni por las mismas razones, también la izquierda tradicional boliviana cuestionaba al flamante presidente. El POR-Masas, el partido trotskista más antiguo del país, pronto puso en un pie de igualdad a la derecha más cerril y al MAS: "Ni fachos, ni impostores reformistas. Revolución proletaria", aseguraron. Algo parecido dictaminó el PST (Partido Socialista de los Trabajadores). Lo cierto es que en Bolivia habían ocurrido cosas terribles, que provocaron el hartazgo popular, la voluntad de cambio y permitieron el triunfo de Evo Morales.

Gonzalo Sánchez de Losada, su antecesor, que asumió su primera presidencia de Bolivia en 1993, se había abocado diligentemente a cumplir con las tareas prescriptas por el Consenso de Washington y monitoreadas por el Banco Mundial y el Fondo Monetario Internacional.

Losada privatizó el 50% de las principales empresas del Estado: telecomunicaciones, electricidad, ferrocarriles, aeronavegación y, fundamentalmente, los hidrocarburos, principal riqueza del país. Como dirigente del MNR (Movimiento Nacionalista Revolucionario), que entre 1952 y 1964 había llevado a cabo importantes reformas sociales y económicas en lo que se conoció como la "Revolución del '52", Losada se sintió en la necesidad de hacer algún tipo de reconocimiento al pasado combativo de su partido, y decidió que el 1% de las acciones de estas empresas fuesen a dar directamente a manos de sus trabajadores, y el restante 49% al Fondo de Capitalización Colectiva, o sea, a las AFP (Administradoras de Fondos de Pensión), que se ocuparían de administrar la futura jubilación de los trabajadores.

Es ocioso recordar las desastrosas consecuencias que las jubilaciones privadas les produjeron a los trabajadores en el resto de la región, y por supuesto también en Bolivia, pero vale la pena apuntar que la cabriola de "Goni" (como se conocía popularmente al presidente) tenía su costado interesante: se anunciaba que el 49% del principal patrimonio nacional quedaba reservado para asegurarles una vejez digna a los ciudadanos, pero en rigor, lo que se pretendía era que ese capital accionario, en manos de las AFP, fuese a financiar a los nuevos dueños de las empresas estatales. Financiación que servía para el propio proceso de compra del 50% de las acciones, tanto como para despedir a la plantilla de trabajadores "excedentes".

En 1997, Sánchez de Losada perdió las elecciones ante el ex dictador Hugo Banzer Suárez, quien obtuvo el vergonzoso apoyo de Jaime Paz Zamora, líder del MIR (Movimiento de Izquierda Revolucionario). Pero en 2002, también con el apoyo del MIR, que había vuelto a cambiar de vereda, Losada regresó al Palacio Quemado gracias a la brutalidad de su antecesor que, como aplicado ejecutor de las políticas norteamericanas y con apoyo del gobierno de Washington, se abocó fervientemente a erradicar las plantaciones de coca, desatando la furia campesina y la aparición de un líder indígena: Evo Morales.

Las protestas y movilizaciones que se habían producido en toda Bolivia habían llevado a Banzer a ensayar una política expeditiva y cara a su temperamento: en abril de 2000 declaró el Estado de Sitio. Pero ello no fue suficiente y en agosto del año siguiente el ex dictador debió renunciar, y Losada volvió a calzarse los atributos presidenciales. Sentado una vez más en aquel sillón, Goni, quien había vivido buena parte de su infancia y su juventud en los Estados Unidos por lo que, incluso, le costaba hablar fluidamente el castellano, encaró la siguiente etapa de "reformas" que habían quedado inconclusas en su anterior gestión.

Aduciendo la necesidad de disminuir el abultado déficit fiscal, Sánchez de Losada decretó un fuerte impuesto al salario. Esta medida desató una huelga de las fuerzas policiales que obligó al presidente a dar marchas atrás, dejando en el camino buena parte del exiguo capital político con el que había regresado a la presidencia.

Acorralado por el déficit, la recesión, una policía en permanente estado de asamblea y los requerimientos de Washington para que hiciera el trabajo que se le había encomendado, Losada decidió calmar a sus socios del norte enviándoles gas barato a través de puertos chilenos.

Cuando se conoció la noticia (guardada en secreto) entre las poblaciones del Altiplano y El Alto, las movilizaciones, las protestas y los bloqueos de ruta no tardaron en llegar.

El 17 de octubre de 2003, a poco más de un año de haber asumido, Gonzalo Sánchez de Losada renunció a la presidencia y esa misma noche abandonó Bolivia con destino a su amado Estados Unidos.

Su vicepresidente, Carlos Diego Mesa Gisbert, lo sucedió en el cargo. Pero poco podía hacer este historiador y periodista que, aun habiéndose ganado la simpatía popular, no estaba en el Palacio Quemado por méritos propios. Además, había compartido rumbo y políticas con Sánchez de Losada.

Mesa había logrado reducir el déficit fiscal mediante una política de austeridad muy severa, había logrado que aumentaran las exportaciones, pero también había sido incapaz de modificar la verdadera causa de la pobreza en Bolivia: los hidrocarburos en manos privadas y extranjeras.

El neoliberalismo era ya mala palabra en América Latina. Algo distinto flotaba en el ánimo de la gente. Y en ese marco hizo su irrupción Evo, tercer presidente de Bolivia en asumir con mayoría absoluta.

Un interior conflictivo

Bolivia está dividida territorialmente en nueve departamentos, tres de los cuales integran el lote de los más ricos: Santa Cruz, Tarija y Beni; tres son los más pobres: Potosí, Chuquisaca y Oruro; y los otros tres tienen un desarrollo medio: Cochabamba, La Paz y Pando. Pero el nivel de desarrollo humano no está vinculado exclusivamente con la riqueza propia de cada región. También la composición étnica determina la calidad de vida en los distintos departamentos.

En Bolivia, el 80% de la población es indígena y el 20% se reparte entre blancos y mestizos. Sin embargo, son estos últimos quienes han administrado el país hasta enero de 2006, y son, además, los dueños de una gran parte de las riquezas de la nación. Como referencia, podría apuntarse que la presencia de indígenas en los tres departamentos más ricos es de 37% en Santa Cruz, 20% en Tarija y 33% en Beni. En los tres más pobres, en cambio, la relación se invierte: 84% en Potosí, 66% en Chuquisaca y 74% en Oruro. En esta Bolivia absolutamente dividida, en la que además del castellano se hablan el quechua, el aimara, el guaraní y otras treinta y tres lenguas, las divisiones sociales y políticas han sido siempre tajantes y dramáticas.

El poder blanco domina el país desde su independencia en 1825 y los resultados de ese poder opresivo sobre los indígenas se expresan en números evidentes.

En un informe elaborado en 2003 por el Centro para la Apertura y el Desarrollo de América Latina (CEDAL), apuntaba Magdalena Irigaray:

"Bolivia es uno de los países más pobres de América del Sur; 6 de cada 10 bolivianos viven en la indigencia con un ingreso menor a los 2 dólares por día. Cerca del 66% de los bolivianos viven en una economía de subsistencia con la venta de mercancías en las calles. Y la economía boliviana ha crecido sólo un 0.5% en el último año con poca expectativa de mejorar en 2004".

Nada de todo esto, por supuesto, sería transformado con facilidad por el nuevo inquilino del Palacio Quemado. Morales llegaba al gobierno por el abrumador peso de la crisis política, social y económica que padecía Bolivia, pero los poderes fácticos no estaban dispuestos a permitirle que los privilegios les fueran arrancados.

Por añadidura, el MAS había ganado las elecciones con un programa de diez puntos que les hizo correr frío por la espalda a los históricos dueños del país. Proponía: 1)Tierra y territorio para los pueblos originarios; 2) Recuperación de los recursos naturales del Estado; 3) Industrialización del país para combatir la pobreza, a partir de la recuperación de los recursos naturales; 4) Un Estado bajo control social y no en manos de las transnacionales y la oligarquía nativa; 5) Las armas en poder del pueblo, apelando a una profunda reforma de las Fuerzas Armadas y la Policía; 6) Reforma educativa para terminar con el analfabetismo y que permitiese la enseñanza de las lenguas nativas; 7) Salud integral, total y gratuita para toda la sociedad; 8) Supresión del servicio militar obligatorio e incorporación de la mujer a la vida productiva del país; 9) Integración latinoamericana y resistencia a los programas globalistas; y 10) Asamblea Constituyente para reformar la Carta Magna integrada por organizaciones sociales y no por políticos profesionales.

El 22 de enero de 2006, cuando Juan Evo Morales Ayma juró como nuevo presidente, no era aún el momento de confrontarlo abiertamente, pero ya llegaría la hora de librarse de él si es que "el cocalero" estaba dispuesto a poner en marcha su programa de gobierno.

En efecto, la débil tolerancia de los privilegiados se haría ver pronto. Al finalizar 2007, y tras un año en el que el gobierno se abocó especialmente a garantizar una fuerte campaña de alfabetización a lo largo y a lo ancho de toda Bolivia, la inminencia de la reforma constitucional anunciada por el presidente comenzó a recortarse en el horizonte, y alertó a los que aguardaban agazapados.

Los prefectos (gobernadores) departamentales de la llamada "Media Luna", integrada por San Cruz, Tarija, Beni y Pando, decidieron organizar un proceso de desobediencia civil y política, a partir de la implementación de referéndums autonómicos; dicho en otras palabras, lo que proponían era la separación de estos cuatro departamentos del Estado boliviano.

Con Rubén Arando Costas Aguilera, el prefecto de Santa Cruz, a la cabeza, el poder blanco se dispuso a desintegrar el país si eso era necesario para impedir que la mayoría indígena gozase de algo más que la consabida caridad.

Organizados por el terrateniente santacruceño, y utilizando el instrumento del referéndum autonómico, los prefectos de la "Bolivia blanca" se lanzaron a propinarle un golpe letal al presidente y al Congreso desconociendo, desde la autonomía, la mayoría de las atribuciones de ambos poderes del Estado.

El 4 de mayo los santacruceños aprobaron el referéndum, y en junio, Pando, Beni y Tarija hicieron lo propio. En los hechos, los tres departamentos más ricos del país, y Pando, el más "blanco" de todos, se habían convertido en una suerte de "países" autónomos del Estado boliviano. Les restaba arrebatarle al poder central las regalías que éste obtenía de los recursos de aquellos departamentos ricos. Por supuesto, tanto el gobierno como el Congreso desconocieron la legalidad de semejantes referéndums.

La guerra estaba lista para estallar. Pero antes de eso, y seguro de su caudal electoral, Evo Morales jugó su última carta republicana: convocó a un referéndum revocatorio que incluyese a ocho de los nueve prefectos tanto como al propio presidente y vicepresidente de la nación para el 10 de agosto de 2008.

Bien entrada la noche del día de la votación, los resultados confirmaron lo que se preveía: Evo Morales y su vice fueron confirmados por más del 67% de los votos, pero también los prefectos rebeldes triunfaron en la compulsa. El poder continuaba dividido, y la vieja oligarquía blanca entendió que era el momento de expulsar al "indio aymara" del palacio presidencial.

El 19 de agosto, con la excusa de exigir la transferencia de los fondos recaudados por el Impuesto Directo a los Hidrocarburos, los popes de los cuatro departamentos en conflicto, más Chuquisaca, lanzaron un paro cívico por tiempo indeterminado, con bloqueo de rutas, incluso de las que comunican con los países vecinos. Casi un calco de lo que habían hecho en Argentina las patronales agropecuarias.

La escalada del conflicto era inevitable, pese a los esfuerzos del presidente por tender puentes de diálogo con los llamados "autonomistas". Intereses muchísimo más profundos y amplios que el Impuesto Directo a los Hidrocarburos estaban en juego.

El odio desatado

Entre el 19 de agosto en que la oligarquía de la "Media Luna" lanzó la rebelión civil "a la argentina", y los últimos días de septiembre, en que la decidida intervención de la UNASUR (Unión de Naciones Suramericanas) y las movilizaciones de la izquierda en varios países de Europa apoyando a Morales le pusieron un límite al intento de golpe de Estado, toda una serie de atentados y matanzas ensangrentaron la tierra de los bolivianos.

El 9 de septiembre los rebeldes "autonomistas", conducidos por Costas, tomaron las instalaciones que el gobierno central tiene en la zona de la "Media Luna", y un día después, un grupo de terroristas cerró la válvula del mayor gasoducto de Tarija, provocando la explosión del tendido que transportaba gas a Brasil, impidiendo que el suministro llegase al país vecino por el lapso de varias semanas. Ese mismo día, en una operación comando coordinada con la de Tarija, otro grupo tomó las instalaciones de Vuelta Grande en Chuquisaca, impidiendo la provisión de gas a Argentina.

Pero lo más brutal estaba por venir.

A media mañana del 11 de septiembre de aquel turbulento 2008, en la población de El Porvenir, en el departamento de Pando, una patrulla de la prefectura departamental y del Servicio de Caminos de Pando, a las órdenes del prefecto Leopoldo Fernández, emboscó a un grupo de campesinos identificados con el gobierno de Evo Morales.

Veamos el relato que hace la propia misión de la Organización de Naciones Unidas respecto de los sucesos de ese día, y de las tres jornadas siguientes:

"Del 11 al 14 de septiembre de 2008, más de cien paramilitares organizados por el prefecto de Pando acribillaron una marcha pacífica de campesinos que se dirigían a la capital de Pando, Cobija, paradójicamente para analizar el clima de violencia atizado por el Comité Cívico y la Prefectura. La violencia dejó entre 11 y 19 muertos, más 50 heridos y un número aún desconocido de personas desaparecidas, la mayoría indígenas. En la masacre de Pando, se asesinó a sangre fría a niños y ancianos, se torturó y mutiló a profesores y estudiantes (se amputaron lenguas, ojos); con respecto a los desaparecidos, testigos citan cómo los cuerpos eran depositados en camiones, y otros cadáveres tirados al río".

La mecánica no era novedosa para la rancia oligarquía oriental. En la "Media Luna", los hacendados y terratenientes resolvían conflictos y preservaban sus intereses a la usanza de los esclavistas del siglo XIX. El informe de la misión enviada por la ONU (nada sospechoso de parcialidad) narra, también, algunos otros hechos aberrantes producidos en el intento golpista:

"Del 9 al 15 de abril 2008, altos funcionarios del INRA, personas civiles y miembros de la Asamblea del Pueblo Guaraní fueron secuestrados y torturados por autoridades locales de Cuevo y hacendados de la zona, dejando un balance de 46 heridos, entre ellos el director del INRA.

"El 24 de mayo 2008, dirigentes de Sucre (Alcaldía, Comité Cívico y Universidad de San Francisco Xavier) instigaron actos de violencia contra grupos indígenas que habían acudido a la ciudad para una celebración local; los indígenas fueron desnudados, humillados y torturados, bajo gritos de 'Muera Evo'; y se impidió que el presidente Morales, que tenía ese día un acto en la ciudad, aterrizara en Sucre.

"El 15 de agosto de 2008, un grupo numeroso de personas, entre ellas funcionarios de la prefectura de Santa Cruz, con el apoyo de grupos De la Unión Juvenil Cruceña, tomaron la CIDOB (Confederación de Pueblos Indígenas del Oriente Boliviano), golpeando y expulsando a los líderes legítimamente electos. Luego el mismo grupo llegó a las oficinas de la Central de Pueblos Étnicos de San Cruz, golpearon a los líderes indígenas presentes, destruyeron los equipos, su centro de documentación y saquearon el lugar..."

La enumeración continúa, pero sería ocioso reproducirla. Los mismos métodos, la misma violencia, el mismo odio étnico y de clase, el mismo salvajismo.

"No estamos solos"

Sin embargo, la gravedad de los hechos que tomaron estado público durante aquellos meses de 2008, y el descarado atrevimiento de los prefectos en representación de hacendados bolivianos, desafiando a un gobierno electo poco tiempo antes, que por añadidura contaba con el explícito apoyo del conjunto de presidentes de la UNASUR, conduce inevitablemente hacia un interrogante: ¿confiaba sólo en sus fuerzas la oligarquía boliviana, o contaba con un apoyo velado aunque poderoso dentro del continente? Dos hechos ayudarán a aproximar una respuesta.

En los primeros días de abril, mientras la mayoría de los presidentes de Latinoamérica, e incluso algunos de Europa, procuraban encontrarle una solución pacífica a una crisis que amenazaba la unidad de Bolivia como Estado Nación, desde México, el entonces presidente Vicente Fox, lanzó una afirmación temeraria:

"Los presidentes de Bolivia, Evo Morales de Ecuador, Rafael Correa; y de Nicaragua, Daniel Ortega se mueven como dictadores disfrazados".

La frase, que podía haber sido interpretada sólo como parte de una disputa ideológica, adquirió, en cambio, una densidad diferente cuando el 26 de agosto, la prensa internacional dio a conocer la noticia de que Philip Goldberg, embajador de los Estados Unidos en Bolivia, se había reunido secretamente con Rubén Costas, prefecto de Santa Cruz, para ofrecerle apoyo financiero y político de George W. Bush, en caso de que la "Media Luna" se convirtiese en un estado independiente.

Cuando Evo Morales presentó una enérgica protesta diplomática por tamaña injerencia en los asuntos internos del país, el embajador-conspirador se burló de los bolivianos alegando que la reunión con el terrateniente santacruceño se había llevado a cabo con el único objetivo de entregarle una ayuda económica para las Olimpíadas Especiales.

La realidad, por supuesto, era otra. Con la llegada de George W. Bush al gobierno, los halcones de la Casa Blanca decidieron dar una solución a dos temas que los preocupaban: la pérdida de influencia política de los Estados Unidos en el *patio trasero*, y con ello, la imposibilidad de administrar a placer los recursos naturales de esa región.

La solución, elaborada por el Comité de Relaciones Exteriores, consistía en que la oligarquía del oriente boliviano, Santa Cruz, Tarija, Beni y Pando, conformaran un nuevo estado independiente que llevaría por nombre Camba (vocablo con el que se definió la lengua de los primeros conquistadores que llegaron al trópico oriental boliviano). Logrado esto, Estados Unidos colaboraría en fortalecer militarmente al nuevo estado, que iniciaría una serie de reclamos para obtener la devolución de los territorios perdidos durante la guerra del Chaco con Brasil, Argentina y Paraguay.

Las protestas diplomáticas debían verse respaldadas por la fortaleza militar del nuevo estado, y allí entraría a tallar el Departamento de Estado norteamericano apoyando el reclamo del flamante Camba.

Devueltos los territorios, porque ninguno de los países en cuestión arriesgaría confrontar con la marina estadounidense, Camba daría inicio a una serie de guerras territoriales para expandir sus fronteras, haciéndose de los recursos naturales más importantes de la región.

Pero ya en septiembre de 2008, Estados Unidos estaba envuelto en una de las peores crisis económicas y financieras de su historia; Bush y sus halcones republicanos, al borde de ser expulsados de la Clase Blanca; y la UNASUR, dispuesta a dar una batalla diplomática internacional de envergadura.

Y el intento golpista en Bolivia se frustró.

Argumentos de peso

Como en el caso de Hugo Chávez en Venezuela, el intento de expulsar del gobierno a Evo Morales por parte de la oligarquía oriental, sus socios mediáticos y la Casa Blanca poco tenía que ver con el "republicanismo" o con el supuesto totalitarismo presidencial. Echar a Evo del Quemado suponía asegurarse los privilegios y la concentración económica tanto como la dominación cultural de dichos sectores sobre el empobrecido pueblo boliviano.

Al terminar el convulsionado 2008, la economía boliviana había crecido en un 7.1% del PBI, reconocido por el propio FMI, producto, en buena medida, de la nacionalización de los hidrocarburos llevada a cabo el 1 de mayo de 2006. La ley de Evo, que estaba en el centro de la rebelión liderada por los patrones de la "Media Luna", ponía en manos de YPFB (Yacimientos Petrolíferos Fiscales Bolivianos) el 51% de las acciones de todas las empresas dedicadas a la explotación de hidrocarburos del país, y las obligaba a que el total de la producción fuese entregada a la empresa estatal, la que decidiría volúmenes y precios, tanto para el consumo interno como para la exportación. Además, del total de los ingresos, el 82% iría a parar a las arcas del Estado y el 18% a las compañías privadas.

En diciembre de 2009, cuando Morales fue reelecto como presidente, Bolivia exhibía uno de los crecimientos económicos promedio más altos del hemisferio: 5.2%.

A mediados de 2011, la reforma tributaria llevada a cabo por el presidente aymara había demostrado una efectividad contundente: se disminuyó un 6% la presión impositiva, se aumento un 10% la inversión pública, y en virtud de dicho esquema los ingresos del fisco aumentaron un 20% del PBI, logrando superávits por primera vez desde 1940.

Otro elemento destinado a atacar la histórica extrema pobreza del país lo constituyó un generalizado plan de subsidios que otorga 29 dólares a cada niño que no abandone sus estudios, 258 dólares a cada anciano en situación de pobreza, y otros 29 dólares a las madres para que efectúen controles médicos a sus hijos. Lo que se suma al nivel de desocupación más bajo en décadas: 6.5%.

En cuanto al campo, los últimos días de noviembre de 2006 el partido gobernante logró vencer la cerril oposición de la derecha conservadora y promulgó la Ley de Reconducción Comunitaria de la Reforma Agraria. No era un modelo marxista de distribución de la tierra, por cierto, pero al menos le quebraba el espinazo al modelo latifundista del oriente boliviano. Parcelas improductivas, o apropiadas ilegalmente, fueron distribuidas entre quienes jamás habían tenido la posibilidad de acceder a una porción de tierra para trabajarla.

La ley no sólo satisfacía un reclamo histórico de los campesinos santacruceños, que organizaron varias marchas hacia el Parlamento para que se aprobara el proyecto, sino que aumentaba la producción agrícola del país y hacía descender la desocupación en el oriente boliviano.

En relación con la educación pública, al comenzar 2007 el gobierno de Morales organizó el Censo del Programa Nacional de Alfabetización, un programa que pretendía sacar al país del ignominioso lugar número 124 que ocupaba en el mundo, respecto de tasa de alfabetización. Por entonces, Bolivia tenía 823 256 ciudadanos iletrados, lo que daba un porcentaje de alfabetización del 86.7%, muy por debajo del 95% que exige la UNESCO para declarar a un país libre de analfabetismo.

En colaboración con el gobierno cubano, Morales puso en marcha una agresiva campaña de alfabetización bajo el lema de "Yo sí puedo", en la que se pretendía enseñar a leer y escribir en castellano, quechua y aymara al conjunto de los iletrados.

Decía al respecto el periódico *El Ciudadano* de Bolivia:

"Hasta el 16 de diciembre de 2008, se graduaron 820 264 participantes del proceso de alfabetización. O sea, el 99.6% de los anteriores analfabetos [...] La iniciativa también contempla un proceso de post alfabetización, llamado 'Yo sí puedo seguir'. En esta etapa, los flamantes alfabetizados participarán de un programa de educación primaria durante 3 años. Se calcula que habrá más de 500 mil nuevos estudiantes".

Pude no ser suficiente. Puede ser que Evo Morales jamás convierta a Bolivia en una sociedad sin clases; que sus planes populistas alcancen, apenas, para hacer descender un poco el nivel de desigualdad y exclusión en su golpeado altiplano.

Pero para su pueblo, que lo sigue apoyando masivamente, la sensación de que vivir dignamente es posible parece alcanzar por el momento. No habrá una revolución socialista de corte clásico, y hasta da la sensación de que al pobrerío boliviano ni siquiera le aflige rememorar a los soviets.

"Mal de muchos": monetarismo y Bancos Centrales

Entre 1989 y 1993, cinco países latinoamericanos adoptaron la política de la independencia de sus respectivos Bancos Centrales: Chile, Colombia, Argentina, Venezuela y México. El objetivo era preservar el valor de la moneda; dicho de otra forma, evitar un eventual proceso inflacionario.

En esos años, se daba por hecho que la única razón por la cual los precios se desplazaban hacia arriba era la emisión monetaria. Con lo cual, si no había dinero disponible, los precios no subían; "secar la plaza" era llamado el recurso en la jerga de los economistas.

Curiosamente, para esta escuela económica (el monetarismo), cuyo principal mentor fue Milton Friedman, factores como la oferta y la demanda (otrora vacas sagradas del capitalismo) tenían una importancia relativa, si no menor.

La inflación era producto, pura y exclusivamente, de que el Estado gastaba de más, por lo cual debía emitir dinero. Privándolo de la máquina de imprimir billetes, la cuestión quedaba saldada, y para eso era necesario que el Banco Central fuese autónomo.

Si en cambio los precios aumentaban por una mayor demanda, generada por ejemplo por el descenso de la desocupación, a Friedman y los suyos no se les ocurría actuar sobre la oferta, sino que recomendaban "enfriar" la economía. Descendía, así, la actividad económica, la ocupación regresaba a sus índices anteriores, caía la demanda y la inflación retrocedía.

Éste fue el círculo pernicioso y degradante que América Latina padeció durante años, y que varios países aún sufren.

Sin embargo, más allá de los enunciados "técnicos", la autarquía de los bancos centrales fue un condicionamiento y un triunfo de la banca internacional, y de ella ni siquiera Estados Unidos de América quedó exento; más aún, hasta podría decirse que es uno de los países más dependientes del poder de los bancos. De hecho, su Reserva Federal es uno de los más descomunales y escandalosos negocios perpetrados por los bancos a partir del esfuerzo de todo un pueblo. Muchos historiadores norteamericanos se han animado a afirmar que una de las principales razones por las que se desencadenó la Guerra de la Independencia de los Estados Unidos fue la decisión del rey inglés, Jorge III, de prohibirle a su colonia el uso de una moneda propia. Tener que recurrir al dinero británico obligaba a la colonia a desembolsar suculentos intereses a la banca londinense, en perjuicio de su propia prosperidad.

Sin embargo, en 1913, ya como Estado soberano, el Congreso norteamericano aprobó una ley conocida como Acta de la Reserva Federal, según la cual le asignaba a un grupo de doce bancos la exclusiva atribución de imprimir papel moneda. Los bancos luego le prestaban el dinero al Estado, quien debía abonar intereses por cada uno de los dólares que entraban en circulación. De tal manera, cada dólar circulante costaba, además de su propio valor, los intereses correspondientes que por él cobraba el grupo de bancos privados que pasaron a ser llamados Reserva Federal.

De ese modo, la masa monetaria circulante para que la economía norteamericana funcionase significaba para el Estado una deuda, que debía cancelar regularmente con la "Fed" (como se la conoció popularmente). Claro que, para hacerlo, debía utilizar dólares, con lo cual, cada vez que cancelaba intereses de la deuda, se endeudaba más.

Pero el Estado, como tal, no genera dinero ni ganancias, se sostiene con los impuestos de los contribuyentes; ergo, es todo el pueblo norteamericano el que les paga a los banqueros cada año cifras millonarias para poder utilizar los billetes que ellos imprimen.

Cuenta la historia que una de las últimas semanas del mes de noviembre de 1910, un grupo de banqueros se reunió secretamente en la finca que don J. P. Morgan tenía en Jekyll Island, en las costas de Georgia, para elaborar la ley que le sería entregada al hombre de los banqueros en el Senado, Nelson Aldrich, con el objetivo de que el Parlamento norteamericano le diese vida a la Reserva Federal, el nuevo y particular Banco Central que tendrían los estadounidenses.

El tiempo de elaboración que demandó el proyecto de ley no fue prolongado, pero el clima político que se vivía y el categórico rechazo del pueblo estadounidense a este tipo de experiencias demoraron la presentación en sociedad de un negocio inimaginable hasta entonces.

En verdad, la ley del Acta de Reserva Federal no hacía más que reproducir el modelo de saqueo económico de los ingleses, por el cual se había llevado adelante la Guerra de la Independencia.

Tres años más tarde, las condiciones estaban dadas, en particular porque los banqueros habían decidido financiar la campaña presidencial de Woodrow Wilson, a cambio de que se aprobara el Acta.

En efecto, el 22 de diciembre de 1913, mientras la mayoría de los congresistas habían viajado a sus hogares en razón de las fiestas navideñas, la ley fue aprobada con la mínima cantidad de votos necesaria.

América Latina no tiene, naturalmente, semejante modelo, pero la independencia de los Bancos Centrales exigida por los organismos de crédito internacionales, para satisfacer los reclamos del poder financiero, también apunta a preservar la solvencia de cada país para poder cumplir con el pago de los intereses de la deuda externa.

No importa la relación oferta-demanda, ni tampoco el equilibrado desarrollo económico de los países. Se trata, exclusivamente, de engrosar las arcas de los bancos con cada vencimiento de intereses de la deuda. Una deuda que, ya se verá, fue metida a presión como el Acta de Reserva Federal aprobada por el Congreso norteamericano al filo de la Navidad de 1913.

Capítulo 7

INTERMEZZO: YA NO SOMOS LOS MISMOS

> "Lo que quiere básicamente el capital financiero
> es moneda estable, no crecimiento".
>
> Noam Chomsky

El mundo que describieron Carlos Marx y Federico Engels ya no existe. Tampoco el que vieron Lenin y Trotsky. Ni siquiera el que le tocó en suerte a Mao Tse Tung. Es que el imperialismo, como tal, se ha convertido en un concepto difuso que comenzó a borronearse, paradójicamente, con la caída de la Unión Soviética ocurrida prácticamente en 1989, pero que comenzó, en los hechos, con la Perestroika.

El triunfo del capitalismo, si se mira con cuidado, fue menos de los Estados Unidos que de esa suerte de Supra-Estado que estrenó traje allá por mediados de los años 70 y que, con la globalización, mostró todas sus credenciales: el poder financiero, la cerrada comunidad de bancos que tiene por cierto su sede principal en Wall Street, pero también en Frankfurt, Londres, Tokio o Pekín.

Poco de lo que proponían los mayores pensadores del comunismo tiene un efectivo correlato con esta nueva relación de fuerzas establecidas entre el Supra-Estado Financiero y el mundo.

El 8 de junio de 2011, tres calificadoras de riesgo crediticio, Standard & Poo'rs, Moody's y Fitch, amenazaron a los Estados Unidos con que si no cumplen en tiempo y forma con el pago de intereses de su deuda externa, bajarán la calificación del país, lo que ahuyentaría a inversores y prestamistas, llevándolo a un imprevisible colapso de sus mercados financieros.

Dicho en otras palabras, declararán a la primera economía del mundo en cesación de pagos, algo sólo imaginable para los países subdesarrollados apenas dos décadas atrás.

Lo curioso es que, como nunca antes, el Supra-Estado-Financiero condicionó abiertamente la política interna norteamericana, a su Poder Ejecutivo y a su Parlamento, enfrascados en una discusión acerca de si elevar o no el límite permitido de endeudamiento público.

Con la atronadora voz de un monarca todopoderoso, Fitch advirtió a los gobernantes de la superpotencia:

"Si no se sube el techo en la fecha prevista por el Tesoro y se garantiza el pago de todas las obligaciones a tiempo, la calificación de la deuda soberana de los Estados Unidos se colocará bajo observación negativa (RWN)".

¿Se puede pensar en algo más duro que pasar de AAA (máxima calidad crediticia) a RWN (suspensión de pagos restringida)?

Frenadas y "curvas"

En paralelo, exactamente el mismo día en que Fitch lanzó la dura amonestación, Ben Bernake, el presidente de la Reserva Federal (uno de los más interesados en que el país pague los intereses de su deuda) admitió que la economía estadounidense se había vuelto a "frenar". Lo que traducido a lenguaje común sería como decir que no sólo no se generarán nuevos puestos de trabajo, sino que peligran muchos de los que ya existen.

Antes de las amenazas de la calificadora de riesgo y antes de la lacónica confirmación de Bernake, ya las luces rojas que anunciaban una posible bancarrota se habían encendido, aunque la CIA llegó a tiempo para evitar lo peor.

Cuando Dominique Strauss-Khan llegó a Nueva York, ya todos sabían que traía en el bolsillo un bomba que podía hacer saltar por el aire toda la economía norteamericana: se proponía anunciar el fin del dólar como moneda de reserva internacional, para reemplazarlo por los Derechos Especiales de Giro, con lo cual la potencia mundial debería archivar su máquina de producir billetes, reconocer su incapacidad para afrontar los intereses de la deuda y detener por tiempo indeterminado el financiamiento de su complejo industrial-militar.

El anuncio, se sabía, habría de hacerse en la Cumbre del G-8, que se realizaría en Francia el 26 de mayo. Pero nadie ignoraba tampoco que el francés era un sexópata incapaz de medir los riesgos a la hora de satisfacer sus instintos. Entonces, no fue difícil para los muchachos de la Agencia ponerle un remedio rápido a las peligrosas intenciones del director gerente del FMI.

En el Sofitel de Manhattan cumplía funciones de camarera Hafisatu Dialo, una llamativa guineana de 32 años, 1.78 metros de altura y perturbadoras curvas, que residía en los Estados Unidos con una visa provisoria.

Debía entrar a la habitación 2806, sonreírle provocativamente al francés y permitir que el jefe del FMI hiciera el resto. Los espías ya le habían hecho aprender a la muchacha lo que debía decir luego de huir espantada del cuarto.

Lo demás fue bastante previsible. Acusado de haber intentado una violación, Strauss-Khan fue pomposamente detenido por la policía neoyorquina, mientras aguardaba, sentado en su asiento, el despegue del avión. Encerrado en la terrorífica prisión de Rikers Island, cual si fuera un peligroso asesino serial, solitario, incomunicado y sin posibilidades de acceder a un arresto domiciliario, beneficio que lógicamente el juez le negó de inmediato, el hombre que estuvo a punto de romperle el espinazo financiero al "gendarme de Occidente" supo que su carrera política, tanto en el FMI como hacia la presidencia francesa, había terminado.

El martes 17 de mayo, Dominique Strauss-Khan tomó una lapicera y escribió sobre una hoja de papel que le facilitaron los guardias:

"Es con infinita tristeza que hoy me siento obligado a presentar al Consejo de Administración mi renuncia a mi puesto de director gerente del FMI".

Estaba hecho. Ahora sí, apenas 48 horas más tarde, el juez Michael Obus le concedió el arresto domiciliario. El peligro de un desastre financiero había pasado, y el mensaje para quien heredara al francés al tope del organismo era concluyente. Luego llegaría el reconocimiento de que el francés no era tan culpable como se creía. Pero el objetivo ya se había cumplido.

Fin de fiesta

Al otro lado del océano Atlántico, la vieja y orgullosa Europa, que mutaba administraciones socialdemócratas más o menos humanistas por recios regímenes neoliberales y se encolumnaba detrás de una moneda única –el euro–, resignando en los hechos una de las dos herramientas de que disponen los Estados para hacer política económica –la política cambiaria–, y le recomendaba a los "atrasados" países del subdesarrollo subirse al tren de la modernidad, fue brutalmente atropellada por el mismo tren que la conducía a "un mundo feliz".

Portugal, Irlanda, Grecia y España son ahora considerados *pigs* (cerdos) por sus mismos compañeros de ruta. Todos pasajeros del mismo tren que, sin embargo, ahora se lanzan piedras por las ventanillas.

En una cruel pero precisa descripción de lo que ocurre en la España de 2011, dos economistas de ese país, Paula Español y Germán Herrera, comienzan así un trabajo sin desperdicios:

"Una prolongada recesión, un nivel de desempleo record y dudas crecientes sobre la capacidad de repago de la abultada deuda con el exterior. Un sistema financiero doméstico que, tras años de boom en los que contribuyó a financiar una enorme burbuja de especulación y consumo, se encuentra al borde del abismo. Un presidente errático y desgastado políticamente que, habiendo asumido con una agenda de recambio respecto del gobierno neoliberal de los años previos, terminó aplicando en plena crisis recortes inéditos, como la rebaja de salarios nominales a los empleados públicos. Una tensión creciente con los gobiernos subnacionales, a los que se presiona desde el poder central para que achiquen cada vez más el gasto. Un contexto institucional externo inflexible, obsesionado con imponer al país medidas adicionales de austeridad como condición de acceso a nuevos fondos frescos. Todo esto en una economía que renunció hace años a la autonomía monetaria y que asiste impotente a los graves efectos que provoca un tipo de cambio sobrevaluado en su tejido productivo".

Y concluyen con una ironía ácida:

"Parecería imposible equivocarse si se cree estar leyendo una descripción de la Argentina de hace diez años. Pero no es el caso: se trata de España".

Rota la burbuja de los últimos años, España se ve lejos de su pretendido carácter de potencia occidental, ese que la había llevado a alinearse con los poderosos de la OTAN y a no dudar en aportar soldados para la causa de los dueños del mundo. "Han vuelto a crecer los Pirineos", apuntaría con sorna el actor José Sacristán.

Con todo, no es España el caso más dramático de esta novedosa situación de "subdesarrollo" europeo. Grecia tenía pocas posibilidades de no entrar en cesación de pagos, tanto como Portugal e Irlanda (sin hablar de Islandia, cuya economía "se derrite como sus glaciares", según afirmó un periódico del país) si no se avenían a practicar un severo proceso de miserabilización de sus habitantes, digno de los países más pobres de África. Finalmente, Grecia obtuvo un salvavidas económico cuantioso en virtud del peligro que su crisis representaba para el resto del Viejo Continente.

Pero aun las economías más poderosas de Europa, como la alemana, que allá por la década de los 90 se exhibía como una luminosa muestra de los benéficos efectos del neoliberalismo, balbucea gritos de felicidad porque su tasa de desempleo en febrero de 2011 se ubicó en "apenas" el 7.9%, algo así como 3 300 000 desocupados, cifra más elevada que la de cualquiera de los países de la centro izquierda sudamericana.

Nuevo escenario

Dicho esto, ¿cómo debería construirse ahora una revolución socialista?

Si no es posible que sobreviva una sociedad sin clases a condición de que el fenómeno sea universal, ¿por qué lugar debería pasar la lucha para lograr el objetivo? Por ejemplo, si se lograra en un país el control obrero sobre los medios de producción, ¿cómo generar riquezas en un mundo en que la producción depende absolutamente de las finanzas?

Se ha dicho, con justicia, que buena parte del fracaso de la revolución cubana fue producto del bloqueo comercial a que fue condenada la isla desde mediados de los años 60. Si en pleno siglo XXI, cuando hasta los Estados Unidos están sometidos al látigo del Supra-Estado-Financiero, uno, dos o tres países latinoamericanos implantaran regímenes comunistas, ¿obtendrían un tratamiento diferente del que se le dispensó a Cuba? ¿Podrían completar su ciclo productivo prescindiendo del comercio exterior y, antes que nada, de la nueva tecnología que, al momento, América Latina no produce?

En tiempos en que las libertades individuales han ocupado un lugar central para los habitantes del universo (y las revueltas árabes lo prueban), ¿cómo funcionaría un régimen de partido único? Porque la experiencia sandinista en Nicaragua en la que se abrieron procesos electorales demostró que no es sencillo sostener un estado obrero compitiendo electoralmente con la burguesía.

Las preguntas, lejos de ser capciosas, sólo son eso: preguntas. Preguntas que no deberían ser respondidas con consignas, sino con respuestas fundamentadas.

Eric Hobsbawn, uno de los más lúcidos y respetados historiadores marxistas, ha escrito al analizar el fin del socialismo:

"El problema para el 'socialismo realmente existente' europeo estribaba en que, a diferencia de la Unión Soviética de entreguerras, que estaba virtualmente fuera de la economía mundial y era, por tanto, inmune a la Gran Depresión, el socialismo estaba ahora cada vez más involucrado en ella y, por tanto, no era inmune a las crisis de los años setenta. Es una ironía de la historia que las economías de 'socialismo real' europeas y de la Unión Soviética, así como las de parte del tercer mundo, fuesen las verdaderas víctimas de la crisis que siguió a la edad de oro de la economía capitalista mundial, mientras que las 'economías desarrolladas de mercado', aunque debilitadas, pudieron capear las dificultades, sin mayores problemas, al menos hasta principio de los años noventa".

Eran, sin embargo, todavía tiempos en que ni la globalización se había afirmado como tal ni el Supra-Estado-Financiero controlaba la política interna de los países como ocurre hoy día, si bien ya en los años a los que hace referencia Hobsbawn, el capital financiero jugó un importante papel para que la recesión que se abatió sobre los Estados Unidos y Europa no golpease con tanta crueldad como sobre los países socialistas.

Luego los bancos se cobrarían a precio de oro la intervención de entonces.

Capítulo 8
ECUADOR Y ALGO MÁS

"Dejamos atrás el neoliberalismo [...] Tenemos una política digna, soberana y de calidad, que prioriza al ser humano sobre el capital".

Rafael Correa

Rafael Vicente Correa Delgado, nacido en Guayaquil el 6 de abril de 1963, no es un político clásico. Y no lo es, entre otras peculiaridades, porque llegó al palacio presidencial después de haber transitado el desgastante Ministerio de Economía de su antecesor.

Y si en América Latina casi no existen antecedentes de ministros de Economía devenidos presidentes, en Ecuador el tránsito aparentaba ser mucho más improbable.

La historia reciente del pequeño país al que alguna vez se conoció como "la Suiza Latinoamericana" (mote que también ostentara Uruguay), le daba escasas posibilidades de éxito a un economista. La traumática dolarización de su economía era, sin dudas, uno de los mayores obstáculos para que alguien se fiara de un docto en esas lides.

Pero el joven Rafael Correa no era un *outsider* cualquiera ni otro teórico economicista. Desde sus tiempos de estudiante en la Universidad Católica de Santiago de Guayaquil, y ya como dirigente estudiantil, imaginaba un destino diferente para su pequeña patria, y sabía que todas y cada una de las recetas económicas que Ecuador recibía desde Washington sólo la alejarían de la pretendida Suiza que le atribuyeran y soñaba ser.

El joven Correa había accedido a los estudios universitarios merced a una beca por sus buenas calificaciones académicas, y se había graduado en Economía en 1987. Otro rasgo distintivo para este economista es que, tras recibirse, se enroló como voluntario en una misión salesiana de la provincia de Cotopaxi, en Zumbahua, una población rural extremadamente pobre. Allí el universitario realizó durante un año tareas de alfabetización de indígenas e implementó programas de desarrollo de microempresas, tomando contacto con el Ecuador real, e incluso adquiriendo conocimientos de la lengua quechua.

Otra beca lo llevaría a una Maestría en Economía en Bélgica, en la Universidad Católica de Lovaina, y más tarde a los Estados Unidos.

En 2001 se habría de doctorar en Economía, y su tesis ya daría cuenta de su disconformidad con las políticas neoliberales, y expresaría su convicción de que otras eran las necesidades de su pueblo.

Ése era el economista que ahora, en enero de 2007, se calzaba la banda tricolor.

Los antecedentes inmediatos

El 10 de agosto de 1996, los ecuatorianos habían premiado con su voto a un personaje de difícil calificación: Abdalá Bucaram Ortiz. Ex alcalde de Guayaquil, excéntrico y con discurso populista, este empresario al que se conocía como "el Loco", bien pronto puso en marcha un cerril programa neoliberal –absolutamente contrario a lo que había prometido en campaña– que incluía, además de un intento por disolver la actividad sindical, un salvaje ajuste fiscal, diseñado con la colaboración y asesoría del ex ministro de Economía argentino, Domingo Felipe Cavallo.

Para ello, anunció la privatización de las empresas del Estado y decidió eliminar los subsidios a los servicios públicos, lo que disparó un aumento del 320% en la tarifa de electricidad y del 417% en las de gas licuado. Además, Bucaram inundó de familiares y amigos la administración pública.

Las movilizaciones populares, la corrupción financiera y el descarado autoritarismo del ex profesor de educación física y empresario lo eyectaron del poder seis meses después de haber asumido. Bajo el cargo de "incapacidad mental", las dos terceras partes del Congreso decidieron su destitución, en un proceso cargado de irregularidades.

A Bucaram lo sucedió Fabián Alarcón, por entonces presidente del Congreso Nacional, en medio de una dramática convulsión social que sólo se sosegó el 10 de agosto de 1998, cuando asumió el nuevo presidente constitucional, Jamil Muhuad.

El ex alcalde de Quito debía enfrentarse a una crisis financiera que había puesto al borde de la bancarrota a varios de los principales bancos del país, y, contrariando la política social que había llevado a cabo en la ciudad capital, decidió valerse de los recursos del Estado para proceder al salvataje de bancos, en lugar de suavizar los niveles de pobreza y desempleo heredados de Bucaram.

Envuelto en una inflación descontrolada, producto de la desbocada emisión de billetes para salvar a los bancos, Muhuad optó por una solución que aún padecen los ecuatorianos: eliminó el sucre como moneda nacional y adoptó al dólar estadounidense como billete de uso legal.

La decisión, claro, detuvo de un golpe la inflación (que luego comenzó a crecer, de todos modos), pero encareció sustancialmente el costo de vida de los habitantes. El empobrecimiento de la población y la falta de respuestas sociales de un gobierno aturdido por la dicotomía que le producía navegar entre las necesidades de su pueblo y las exigencias del FMI desencadenaron protestas y movilizaciones que, esta vez, fueron acompañadas por un sector de las Fuerzas Armadas.

El 21 de enero de 2000, Muhuad fue finalmente destituido, y un triunvirato asumió el poder durante algunos días, hasta que el vicepresidente, Gustavo Noboa, se hizo cargo de la primera magistratura.

Este abogado, nacido en Guayaquil, que fuera gobernador de la provincia de Guayas, derechista a ultranza y hombre de confianza de los Estados Unidos, alineó la política económica con las prescripciones fondomonetaristas: retomó el pago de la deuda externa, que había entrado en moratoria como producto del descalabro económico y financiero, y profundizó el ajuste fiscal y las políticas antisociales.

En respuesta al alineamiento incondicional, los caciques fondomonetaristas le liberaron nuevos créditos que ayudaron al gobierno de Noboa a estabilizar la situación del país. La desocupación y la pobreza continuaban en los valores de los últimos años, pero la economía comenzó a marchar con mayor racionalidad. El 24 de noviembre de 2002, tras una segunda vuelta electoral, el coronel Lucio Gutiérrez, con un discurso decididamente "revolucionario", y aliado con partidos de la izquierda tradicional, llegó al Palacio Carondelet como nuevo presidente de la república. Proponía la "segunda y definitiva liberación de Ecuador", tanto como la "refundación del país de manera pacífica". Se consideraba un militante de las ideas bolivarianas de Hugo Chávez, y un discípulo del progresismo militar de Omar Torrijos y Juan Velasco Alvarado.

Sin embargo, apenas llegado al sillón presidencial viajó a los Estados Unidos para informarle a George W. Bush, que lo miraba con desconfianza, que Ecuador sería el mejor aliado norteamericano en la lucha contra el terrorismo. Si el último término involucraba a Chávez es difícil saberlo, aunque los hechos probaron que de bolivariano Gutiérrez no tenía nada.

Cuatro días después de haber estrenado mandato, el coronel "revolucionario" anunció su Programa de Ordenamiento Económico y Desarrollo Humano, que pese a la ambigüedad de su nombre no era otra cosa que un aumento en el precio de los combustibles, el congelamiento salarial de los empleados públicos y una nueva disminución en los gastos del Estado. Traducido: menos dinero para la salud, la educación y la asistencia social.

Aterrados por el clima de agitación social y de potencial insurrección de las clases medias quiteñas, que enfurecidas salieron a las calles a reclamar la renuncia del presidente, el conjunto de los altos mandos militares quitaron su apoyo al coronel, quien debió refugiarse en la Embajada de Brasil, permitiendo que el Congreso lo destituyera por "vacancia del cargo".

Al frustrado coronel lo sucedió su vicepresidente, Alfredo Palacio, quien convocó para el cargo de ministro de Economía a un joven con pocos antecedentes políticos hasta allí: Rafael Correa.

Hacia un golpe de timón

Llegado desde el ámbito académico, Rafael Correa Delgado se incorporó al gobierno de Palacio visto como uno más de los tecnócratas que integraban un gabinete compuesto, en su totalidad, por hombres sin antecedentes políticos. Era una manera de calmar a la sociedad, y, creía Palacio, un sendero que debería conducir sin demasiados sobresaltos a las elecciones generales del año siguiente. Pero Correa no había llegado hasta ahí sólo para administrar la crisis.

Aunque debía admitir –como lo hizo– que Ecuador no estaba en condiciones, todavía, de abandonar el dólar como moneda de uso corriente, el joven economista lanzó un anuncio que zumbó como una mosca tsé tsé en los oídos de Wall Street. Dijo que eliminaría el Fondo de Estabilización, Inversión Social y Productiva, y Reducción del Endeudamiento Público (FEIREP) que, pese a su pomposo nombre no era otra cosa que un compromiso del gobierno con los acreedores, según el cual Ecuador se obligaba a destinar el 70% del excedente de los ingresos de Petroecuador (la empresa petrolera estatal) a recomprar bonos de su abultada deuda externa.

El resto de los anuncios, como someter a referéndum el Tratado de Libre Comercio con los Estados Unidos, o reformular la relación con el FMI, sólo sirvieron para que el pueblo ecuatoriano posase sus ojos sobre un hombre que, después de muchos años, anunciaba medidas que marchaban en la dirección de favorecerlo. Por lo demás, Palacio simplemente esperaba la oportunidad para eyectarlo del gobierno, cosa que ocurrió cuatro meses más tarde.

Pero el primer objetivo de Correa estaba cumplido. Las marchas y protestas de las organizaciones sociales con las que se coronó la salida del economista, y su anuncio de ir por la presidencia a caballo de una "Revolución Ciudadana", fueron suficientes para que en una segunda vuelta electoral la Alianza PAIS (Patria Altiva y (i) Soberana), con Rafael Correa al tope de la boleta, se alzara con el 56.7% de los votos.

Profundamente identificado con la centro izquierda del subcontinente (en especial con Chávez, Kirchner y Lula), Correa puso en marcha un gobierno enderezado a restaurar al menos algunas de las condiciones de vida que los ecuatorianos habían perdido a manos del neoliberalismo.

El joven presidente sabía que para ello debería enfrentar enemigos poderosos: las transnacionales y sus socios vernáculos, los medios dominantes y la derecha parlamentaria, en donde estaba en marcada minoría. Pero decidió asumir el desafío.

El cambio se afirma

Para abril de 2007, en virtud del fuerte apoyo del pueblo que llegó incluso a asaltar el Congreso, el nuevo presidente ya había logrado convocar a la Asamblea Constituyente que debía darle al país una nueva Carta Magna, había roto con el FMI tras pagarle 9 mil millones de dólares (deuda que Ecuador tenía con el organismo), había declarado persona no grata al brasileño Eduardo Somensatto, representante del Banco Mundial en el país, y había comenzado su lucha contra el enorme aparato mediático que le disparaba munición pesada.

El 30 de septiembre, la elección a Asamblea Nacional Constituyente le dio a la Alianza PAIS casi el 70% de los asientos, lo que le permitía a Correa elaborar la Carta Magna que pretendía.

En efecto, cuando ocho meses después la nueva Constitución fue promulgada, la mayoría de los cambios que requería el "Socialismo del siglo XXI" (como definía el oficialismo su proyecto político) estaban insertos en el nuevo orden constitucional ecuatoriano.

Se eliminó la independencia del Banco Central, se definió al país como una Estado plurInácional, con lo que se les reconocían sus derechos a las comunidades indígenas; el Estado recuperaba el control de los recursos estratégicos, como agua, energía, minería y telecomunicaciones; la Asamblea Nacional asumía las funciones de Poder Legislativo, suprimiendo el Congreso; se le concedía el derecho a voto a las personas a partir de los dieciséis años de edad; se equiparaban los derechos y deberes de las uniones de hecho, tanto heterosexuales como homosexuales, con el matrimonio legalmente constituido. Y además, la nueva Ley Fundamental exigía la reformulación de las distintas instancias judiciales.

No era mucho lo que la nueva Constitución modificaba, pero, en especial para la Casa Blanca, Correa se había transformado en un mandatario incómodo, que además gobernaba un país productor de petróleo, confraternizaba con Chávez e impulsaba fervientemente la UNASUR y la creación del Banco del Sur, organismo que sacaría del medio a los gendarmes financieros norteamericanos, al FMI y al Banco Mundial.

Se trataba sólo de esperar la oportunidad. Si los vientos los favorecían, perpetrarían una nueva experiencia a lo Honduras.

Desde el arribo de la Alianza PAIS al Palacio Carondelet, el Departamento de Estado sabía que contaba con algunos aliados (conscientes o inconscientes de serlo), que en algún momento le permitirían desalojar al economista de la presidencia. Éstos eran: parte del ejército y la policía, por supuesto; la oligarquía de Guayaquil, con su intendente Jaime Nebot a la cabeza de los "pelucones" (la derecha rica y conservadora que generó su fortuna valiéndose de fondos públicos); y, paradójicamente, el movimiento indigenista Pachakutik, un grupo ligado a la izquierda socialista que sufrió su gran fracaso electoral, precisamente, con el triunfo de Correa.

La reacción al asalto

El momento del zarpazo llegó el 29 de septiembre de 2010, cuando la Asamblea Nacional aprobó la Ley de Servicios Públicos que recortaba ingresos adicionales, prestaciones y bonos que hasta entonces recibían los empleados públicos, en especial la policía y cierto sector de las Fuerzas Armadas.

A la mañana siguiente, los policías tomaron el Cuartel General de Quito, y un grupo de militares de la Fuerza Aérea cerró el Aeropuerto Internacional de Ecuador. Pronto, el amotinamiento policial se multiplicó en diferentes ciudades, mientras la guardia policial que custodiaba el edificio de la Asamblea Nacional tomó las instalaciones, impidiendo el ingreso de los legisladores.

A media mañana, Correa llegó hasta el Regimiento N° 1 con el fin de explicar el verdadero sentido de los recortes y calmar los ánimos, pero no era eso lo que esperaban los uniformados, sino verlo fuera de la presidencia. Al terminar el discurso del mandatario, la respuesta fue elocuente. Se lanzaron bombas lacrimógenas, una de las cuales hirió la rodilla recién operada del presidente, que fue transportado al Hospital de Policía Nacional. A media tarde, la situación estaba fuera de control.

La policía había rodeado el hospital dejando al presidente virtualmente incomunicado; otros uniformados intentaban voltear las antenas de televisión localizadas en la loma de Pichincha, y los militares se mantenían impasibles, aunque por esas horas debatían qué actitud tomar. Un sector apoyaba el golpe, pero otros se resistían a romper el orden constitucional.

Días después, James Petras, el sociólogo norteamericano al que ya nos hemos referido, decía en una entrevista radial:

"El fracaso del golpe se debe a que el ejército y la policía se dividieron. La mayoría de la policía apoyó el golpe; el ejército –por lo menos el ejército terrestre– estaba contra el golpe, en parte porque recibió muchos beneficios de Correa, 80% de mayor salario entre otros, y además, porque no veía ningún futuro en este alzamiento, es decir, ningún apoyo popular".

Petras, que no reivindica precisamente al gobierno de Correa, al que valora tan negativamente como a Kirchner y Lula, se ocupó de subrayar un aspecto que, como ya vimos, suele emparentar las izquierdas más radicales a lo largo del tiempo y de los distintos países. Respecto de la conformación de la intentona golpista dijo:

"Un Golpe apoyado por la derecha y por sectores supuestamente de la izquierda, incluyendo a sectores del Movimiento Indígena, partido supuestamente indigenista, y los siempre equivocados: los grupos trotskistas y los grupos de ultraizquierda".

Refiriéndose concretamente al movimiento Pachakutik, Petras no se anda con vueltas:

"Pero no entender que una cosa es marchar, protestar, reivindicar contra un gobierno y otra cosa quedarse con los brazos cruzados, o peor, porque uno de los grupos supuestamente afiliados al movimiento indígena Pachakutik, apoyó el golpe".

A las 21:40 hs, tras un largo día en el que la mayoría de los países latinoamericanos repudiaron la intentona y en Ecuador se multiplicaban las marchas de apoyo al presidente, un sector del ejército rescató a Correa, cuyo auto fue baleado por los policías amotinados.

Como en Venezuela, el Departamento de Estado y sus socios nativos habían fracasado.

Algunos datos

Al momento del intento golpista, la política económica sostenida en el Ecuador de Rafael Correa estaba dando sus frutos; incluso en relación con el promedio regional y en medio de una crisis financiera que ya mostraba que no sería leve a nivel global.

La cadena rusa RT Noticias le dedicó al presidente un balance muy claro, precisamente en momentos en que en diversas partes del globo se alzaban voces de condena al intento por destituirlo. Esas cifras, algunas de las cuales consignaremos a continuación y que se corresponden con informes oficiales ecuatorianos, fueron a su vez refrendadas por empresas privadas de prestigio, dentro y fuera de ese país.

Al cierre de 2009, Ecuador había crecido un 0.36%, lo que no es mucho, pero sí cobra valor al compararlo con el promedio del 2.5% de retroceso de toda América Latina. La economía de los

Estados Unidos había caído un 2.4% y la de la Unión Europea, un 4.2%.

Correa, como dijimos, asumió en enero de 2007. A fines de ese año, el PBI de su país se incrementó en un 2.04%. Un año después, dicho índice fue del 7.24%, aunque luego se desaceleró, como suele pasar luego de sucesivas evoluciones. En 2009 el crecimiento fue bastante modesto: un 0.36%, pero no hay que olvidar que gran parte del mundo veía con preocupación la caída de sus propias cifras. Y al presentar su informe anual, el presidente así lo hizo notar:

"A pesar de la crisis económica global, la caída de las remesas de los migrantes y del precio del petróleo, Ecuador consiguió crecer debido a las políticas económicas aplicadas".

En ese 2009, a dos años de gobierno, la consultora Informe Confidencial comunicaba el resultado de su encuesta a nivel popular: la aprobación al presidente llegaba al 81% en Quito y al 67% en Guayaquil. Además, ocho de cada diez entrevistados en Quito sostenían que su presidente era "una buena persona".

Por su parte, la empresa Cedatos-Gallup International indicó que la aprobación nacional a Correa se ubicaba en un 70%, tres puntos por debajo de cuando obtuvo la primera magistratura.

Volviendo a ese 2009, Ecuador finalizó con una inflación baja y en descenso, y con una tasa de desempleo del 7.9%. El promedio de América Latina era superior. Colombia, por ejemplo, superó el 12%; Chile registró un 8.7%; Perú, 8.6%; y la pujante Argentina, 8.4%. Y para el primer semestre de 2010 se registraba una baja de 0.6 puntos respecto del mismo periodo de 2009.

Y algo muy importante para el país, también la tasa de pobreza marcaba una notoria reducción. La pobreza extrema había llegado al 40 % en 2001, y en 2010 descendió al 16.5%.

El salario de las empleadas domésticas, por ejemplo, pasó en poco más de dos años de su gestión de 75 dólares mensuales a 240.

Recordemos la experiencia del joven voluntario Correa en la misión salesiana al interior de Ecuador. Allí había trabajado en el fomento de microemprendimientos. Ya como presidente, creó el Programa de Fomento Productivo de las micro, pequeñas y medianas empresas (Mypimes), con una inversión de 120 millones de dólares, en aportes no reembolsables con el fin de dar respaldo a esas iniciativas que, se sabe, son generadoras de empleo y multiplican y refuerzan el entusiasmo por el desarrollo y la apuesta personal.

La política exterior de Correa ha sacado canas verdes a más de uno, pues además de su apuesta al bloque de países regionales en la misma sintonía, amplió sus vínculos diplomáticos y comerciales con Rusia y China, por ejemplo, retomando el concepto de soberanía nacional y la libre elección de países socios, amigos o aliados.

Se le suele criticar la concentración de poder y augurar un futuro dictatorial para su gobierno. Pero basta ver unos años hacia atrás para cerciorarse de que Ecuador, por cierto, no ha retrocedido.

Panorama andino

En el sur de América, y en el marco de la irrupción centro izquierdista de la última década y media, existe un país que comparte poco las características generales del resto de los Estados que marcharon hacia modelos nacionales y populares: Chile.

Podría decirse que el 11 de marzo de 1990, cuando el dictador Augusto Pinochet abandonó el poder reservándose para sí el cargo de senador vitalicio (asombrosa curiosidad para un régimen republicano), Chile comenzó un largo proceso de transición hacia la democracia plena que sólo se completó con la muerte del tirano en 2006, sin que el Poder Judicial de ese país le hubiese cobrado los horrendos crímenes que cometió durante su larga dictadura.

En esos años, y hasta el triunfo de Sebastián Piñera en 2010, el gobierno del país fue asumido por una coalición de partidos a la que se denominó Concertación de Partidos por la Democracia. Allí convivían desde la Democracia Cristiana hasta el Partido Socialista, y desde el centro izquierdista Partido Por la Democracia (PPD) hasta el Partido Radical Social Demócrata (PRSD), una mixtura que, sin alterar el modelo económico neoliberal heredado de Pinochet, llevaría a la primera magistratura desde democristianos como Patricio Aylwin o Eduardo Frei Ruiz-Tagle, hasta socialistas como Ricardo Lagos o Michelle Bachelet.

El rumbo general del país, empero, nunca cambió demasiado más allá de ciertas proclamas esperanzadoras.

Con una economía que se sustenta básicamente en la minería (en particular el cobre) y la agricultura en menor medida, las distintas administraciones que se sucedieron en La Moneda fueron incapaces de transformar a una sociedad profundamente desigual y a una economía primaria, más allá del buen equilibrio en la balanza de pagos y el descenso en los niveles de pobreza heredados de la dictadura.

El caso chileno

Lejos de la experiencia del Frente Popular, liderado por Salvador Allende, que acabó con la vida del presidente socialista y el asalto al poder de la tiranía pinochetista, este Chile que en lo formal fue el primero que ungió presidente a un socialista (Ricardo Lagos) tras la recuperación institucional ha mantenido una "compostura" que jamás irritó a los poderes fácticos. Más aún: fue y es utilizado como ejemplo de buen funcionamiento económico-político-social por las derechas de la región.

A finales de 2003 fue la Concertación en el poder, con el socialista Ricardo Lagos como presidente, la que firmó un tratado de libre comercio con los Estados Unidos que, en 2015, liberará el 100% de las barreras aduaneras entre ambos países, algo a lo que abiertamente se opusieron la mayoría de los países del sur de América.

Curiosamente, el país que pudo haberse convertido (después de Cuba) en el segundo Estado obrero de América Latina parece haber perdido toda capacidad política transformadora, tras la luctuosa experiencia dictatorial.

Desde el año en que Augusto Pinochet entregó el poder a los civiles hasta 2011, el coeficiente Gini, que mide el nivel de desigualdad en los países, se ha mantenido para Chile en un 0,524, por encima de Guatemala, Zambia, El Salvador y Honduras, por ejemplo. La desigualdad de género expresada en los niveles de participación laboral, social y política de las mujeres chilenas es la más alta de América Latina. Dos economistas chilenos, Orlando Caputo Leiva y Graciela Galarce Villavicencio, señalan, en una investigación sobre los resultados del Tratado de Libre Comercio firmado entre Chile y Estados Unidos:

"No hay duda de que el capitalismo en Chile ha producido un gran crecimiento de la riqueza y de que tiene una gran capacidad de producción física. Sin embargo, el balance global es que los problemas sociales no se han resuelto y muchos de ellos se han agravado. La mayoría de la población vive en la incertidumbre actual y futura. En síntesis, la globalización se manifiesta en Chile como un modelo de crecimiento empobrecedor, que profundiza la inseguridad social".

Contrariamente al rumbo adoptado por el resto de los países gobernados por la centro izquierda en Latinoamérica, Chile renunció a encarar un proceso de sustitución de importaciones y de creación, por ejemplo, de industria pesada (de la que el país carece absolutamente) tanto como a agregarle valor a los productos primarios exportables. No era la idea original de quienes sucedieron a la dictadura, pero así ocurrió.

Dicen los citados economistas:

"En los programas iniciales de la Concertación, uno de los temas principales que modificaría en forma cualitativa el modelo sería la 'Segunda Fase Exportadora'. Se planeaba industrializar las materias primas, agregando cada vez más valor hasta la producción de bienes más complejos. Junto a ello, el desarrollo de una industria abastecedora de productos intermedios, maquinarias y equipo que se utilizan en la producción de recursos naturales y en las industrias procesadoras [...] Sin embargo, en los primeros años se siguieron las orientaciones fundamentales de modelos implementados por la Dictadura y posteriormente se pospuso indefinidamente la 'Segunda Fase Exportadora' y el desarrollo de una industria nacional diversificada".

Paralelamente, el nivel de concentración es tan grande que apenas el 0.5% del total de las empresas chilenas manejan el 50% de las exportaciones del país.

El cobre, principal recurso y sustento de la economía chilena, cuya explotación y comercialización fue nacionalizada por el gobierno de Salvador Allende en 1971, ha virado hacia un nuevo proceso de privatización y extranjerización bajo los gobiernos de la Concertación.

En 1990, cuando Augusto Pinochet abandonó el gobierno, las empresas estatales concentraban el 86.9% de la exportación del metal, mientras que las privadas, sólo el 13.1%.

En 2003 ya la relación se había invertido dramáticamente. Según informan Caputo Leiva y Galarce Villavicencio, al terminar ese año, las empresas privadas capturaban ya el 66.6% de las exportaciones, en tanto que las nacionalizadas se quedaban con el 33.4%.

En suma, Chile ha recorrido el camino que va de una dictadura militar sangrienta a una democracia plena, sin alterar en lo más mínimo el neoliberalismo económico —y consecuentemente, social— implantado a sangre y fuego por las armas pinochetistas.

Los sucesivos gobiernos de la Concertación, incluida Michelle Bachelet (acaso la más propensa a producir, en efecto, un giro a la centro izquierda), se han limitado a consolidar un proceso de fuerte dependencia con los centros económicos mundiales y a aplicar un leve maquillaje a las carencias sociales.

El "viento de cola" no basta

Se ha dicho, y con razón, que la última década fue un período excepcional para casi toda Latinoamérica en términos económicos. El ascenso y el sostenimiento del precio de las materias primas representaron para la región un considerable avance en términos de intercambio, un avance como pocas veces se había visto; al menos durante tanto tiempo seguido.

Este factor, merced al cual fue posible equilibrar balanzas de pagos, generar superávits y, consecuentemente, aumentar los PBI reduciendo el peso porcentual de la deuda externa y permitiendo dinamizar los distintos mercados internos, equilibró la performance de países que continuaron atados a un modelo neoliberal, como Colombia o Perú, con aquellos que modificaron sustancialmente el diseño económico-social, como Venezuela, Bolivia y Argentina, o los que, aun profundizando el contenido social del modelo, no se encaminan hacia transformaciones de fondo, como Uruguay y Paraguay.

Este argumento, el de la ventaja en los términos de intercambio (vulgarmente llamado "viento de cola", parangonándolo con esa facilidad de la que pueden gozar los aviones en vuelo), es el que ha sido utilizado frecuentemente por la izquierda tradicional para arrebatarle a los gobiernos centro izquierdistas el calificativo de "progresistas".

Según esta mirada, el retroceso en los índices de pobreza, de desempleo y de marginalidad que exhibe, por ejemplo, Argentina no son muy diferentes de los que puede mostrar Perú, gobernado hasta mediados de 2011 por el neoderechista Alan García (les cuesta un poco más explicar el triunfo de la centro izquierda de Ollanta Humala).

Es cierto, Perú redujo sus índices de pobreza desde el fin del fujimorismo, del 49% al actual 35%; dobló en esos años el salario real promedio y tuvo altos niveles de crecimiento (en 2010 alcanzó casi el 9%).

Sin embargo, su estructura económica continúa sosteniéndose sobre la base de la exportación de materias primas, en especial metales; no ha puesto en marcha un proceso de sustitución de importaciones, lo que, atado a un Tratado de Libre Comercio con los Estados Unidos, significa que difícilmente deje de tener una muy alta dependencia económica con el país del norte; los niveles de desigualdad no han disminuido, y un 73% de la economía peruana es informal (11 de los 15 millones de trabajadores carecen de la debida cobertura social).

Argentina, por el contrario, lleva casi siete años en los que el Estado captura renta agropecuaria para volcarla al fomento y la modernización industrial; en ocho años redujo el índice Gini de 0.475 a 0.379 (el de Perú es 0.479), y el trabajo informal descendió 34%.

En Educación, el ministro peruano del área, José Antonio Chang Escobedo, anunció al terminar 2010 que en el presupuesto para 2011 el gobierno de Alan García había aumentado la inversión a un equivalente del 3.15% del PBI. En Argentina, en tanto, el porcentaje es del 6.5%, lo que no sólo significa una inversión de más del doble en términos porcentuales, sino que asegura una mayor calidad de recursos humanos en el marco de una economía mundial cada vez más dependiente del conocimiento y el manejo de las nuevas tecnologías.

Políticamente hablando, la derecha peruana no pudo mostrar más que el inquietante rostro de Keiko Fujimori como propuesta continuista, y ésta perdió las elecciones a manos de Ollanta Humala. Brasil, Argentina, Venezuela, Ecuador y Uruguay, en cambio, revalidaron el rumbo, en varios casos con un candidato diferente.

Pero los ejemplos pueden ser, incluso, más atrevidos. En su discurso de despedida, en 2006, el entonces presidente de Nicaragua, Enrique Bolaños, afirmó con entusiasmo:

"Me siento orgulloso de lo que hemos hecho. Hubiera podido hacer más, pero nadie negará que hemos avanzado como nunca antes en la historia de nuestro país".

Aun exagerando los logros, efectivamente la administración Bolaños había logrado que descendiese el nivel de pobreza, aunque todavía seguía alto; también la inflación había detenido su galopar, y las exportaciones habían crecido. Lo que no dijo el empresario-presidente, que meses después dejaría el sillón presidencial a Daniel Ortega, era que en su país el 83% de la energía seguía produciéndose a partir de derivados del petróleo, producto que Nicaragua no produce; que el aumento de las exportaciones en realidad estaba vinculado con el aumento de los precios del azúcar, el café, el tabaco, el oro, la carne y el camarón; que otra parte del aumento de la exportación debía computárseles a las maquiladoras, que ni era producción nicaragüense ni le dejaba un solo córdoba al país.

Tampoco informó que el descenso de la pobreza estaba íntimamente ligado al aumento en los giros de dinero que los inmigrantes enviaban a sus familias, y a la condonación de las tres cuartas partes de la deuda externa hecha por el FMI.

Es cierto que también Bolaños, mediante un acuerdo con los organismos de créditos internacionales, había favorecido el aumento del crédito interno y ordenado el circuito financiero, tanto como la incorporación de nuevos productos exportables: lácteos, frijoles y café orgánico.

Pero es fácil advertir que comparar esas mejoras con las que produjeron, por ejemplo, Brasil, Argentina, Bolivia o Venezuela es incompatible. Daniel Ortega y su gobierno de centro izquierda difícilmente podrán consolidar una verdadera transformación económico-social con la herencia recibida, mientras su pequeño país no pueda alcanzar, al menos, ciertos niveles de industrialización, de independencia energética y de importaciones. Ya lo comprobó Ortega en su anterior paso por el comando presidencial, cuando lideró la triunfante revolución sandinista.

En esta América Latina con "viento de cola" no todos aprovecharon de la misma manera el coyuntural empuje aportado por las relaciones de intercambios favorables. Desprenderse de la histórica dependencia que han tenido los países subdesarrollados con el "Primer Mundo" exige no sólo transformar las estructuras productivas y económicas profundamente, sino neutralizar factores colonizadores, como pueden ser la información, la justicia o la educación.

Conclusiones

Puesto a reflexionar sobre las diferencias entre la izquierda y la derecha en política, Norberto Bobbio decía que la izquierda tiene como principal objetivo reducir la desigualdad, en tanto que para derecha la desigualdad es un fenómeno natural y positivo en el seno de cualquier sociedad. La profundidad del concepto es enorme, en la medida en que dispara automáticamente otras reflexiones; por ejemplo, el rol del Estado en el proceso de igualación. En el sistema capitalista, la derecha defiende a rajatabla el mercado autor regulado, o sea, libre de injerencias externas; pero como para ese mercado hasta el propio trabajador es una mercancía, la condición humana queda reducida a ser uno de los ítems del rubro "costos" en el cálculo de ganancias.

Aquí, tal cual apunta Bobbio, aparece el conflicto entre igualdad y mercado, tanto como los dos caminos posibles para la restauración del ser humano trabajador como sujeto político y moral: la abolición lisa y llana del mercado, o el control social sobre éste. La primera es la solución que propone la izquierda revolucionaria, y la segunda, la de la centro izquierda o el populismo reformista. Dice el filósofo italiano respecto de esta última alternativa:

"El Estado ya no se limita a desempeñar las funciones de guardián de la propiedad privada y de tutor del orden público, sino que, por el contrario, se hace intérprete de valores –la justicia distributiva, la seguridad, el pleno empleo, etc.– que el mercado es incapaz de registrar".

Marchando en la misma dirección, y más lejos en el tiempo, Luiz Inácio "Lula" da Silva sostiene que, en efecto, los ricos no necesitan del Estado, son los desposeídos los que requieren de él.

Surge, entonces, en gran parte de Europa, entre finales del siglo XIX y principios del siglo XX, lo que Bobbio llama el "capitalismo organizado", en contra del "capitalismo individualista". Triunfa, en suma, la alternativa reformista que habrá de profundizarse al terminar la Segunda Guerra Mundial.

"Sin embargo –dice Bobbio–, a pesar de sus éxitos indiscutibles, la acción del Estado de bienestar es duramente atacada, tanto por la izquierda como por la derecha. Para la izquierda revolucionaria la política del Welfare State y de la programación económica no es más que una racionalización del sistema capitalista y un modo disfrazado para consolidar ulteriormente el dominio de clase de la burguesía. Para los animados defensores del liberalismo individualista (Hayek, Mises, Ropke, Friedman) el estado asistencial corroe en sus raíces las estructuras y los valores de la sociedad libre".

En el momento en que el filósofo turinés escribe esto, da por sentado que un regreso al capitalismo individualista es imposible, en la medida en que éste sería intolerable para la sociedad.

Sin embargo, a mediados de la década de los 70, Hayek le había ganado la batalla cultural a Keynes, nacía el neoliberalismo, y el capitalismo asistencial u organizado volvía a ser un objetivo a conquistar.

En paralelo, los Estados en los que se había abolido el mercado exhibían las pústulas de la burocratización y el totalitarismo que, en los hechos, clausuraban el camino hacia la libertad del proletariado imaginado por Marx.

Se coincida o no con Bobbio respecto de su defensa del Estado de bienestar, o del capitalismo organizado, lo cierto es que a la hora de ser atacado por derecha y por izquierda, fue la derecha y no la izquierda la que pudo imponer sus reglas, colonizando la conciencia de los trabajadores y aniquilando conquistas que, acaso, no eran las que la izquierda tradicional profetizaba que podían establecerse bajo un régimen de economía colectivista, pero al menos les permitían ser un poco más humanos.

La pregunta, en todo caso, sería: ¿por qué le resulta tan difícil al trotskismo, por ejemplo, conquistar la voluntad y la simpatía de las clases trabajadoras de todo el mundo? ¿Por qué le resulta casi imposible contar con bases obreras en sus distintas organizaciones?

Un rápido repaso por la historia contemporánea de América Latina da cuenta de que, al menos en los últimos cincuenta años, la izquierda tradicional no ha hecho más que explicar los fracasos.

Pero, desde luego, más allá de los avances que han logrado producir ciertos gobiernos de la centro izquierda sudamericana —no todos ni en igual medida—, es indiscutible que si alguna razón puede concedérsele legítimamente a la izquierda tradicional, es que ninguna de estas administraciones, al promediar el año 2011, ha llevado adelante profundas reformas tributarias, que es, sin dudas, el instrumento más eficaz para la redistribución de la riqueza.

Tampoco se ha operado a fondo sobre la concentración y la renta financiera, otra de las herramientas imprescindibles para consolidar un verdadero proceso de desarrollo equilibrado, tanto como para acelerar la marcha en la sustitución de importaciones mediante el crédito.

El poder financiero forzó a Brasil, por ejemplo, a tener que aumentar los tipos de interés para contener una escalada inflacionaria, con lo cual se engorda a los capitales especulativos que obtienen tasas en dólares que no encuentran en sus países de orígenes.

En sentido inverso, Argentina se negó a corregir hacia la suba los tipos de interés, pero soporta, por eso, una inflación que carcome los salarios de los trabajadores informales.

Tampoco se han obtenido resultados parejos y alentadores en la lucha contra la corrupción.

Sin embargo, y aun con todas estas tareas pendientes e imprescindibles, la centro izquierda sudamericana ha comenzado a modificar el mapa político internacional. Y una nueva construcción de sentido recorre el mundo.

Hoy, la misma Europa desvía los ojos desde su propio ombligo a lejanas tierras al otro lado del mar. En plena marcha de los "indignados" madrileños, se pudo ver un cartel exhortando a buscarle a la crisis una salida "a la argentina". Procesos que eran vistos con desdén o teñidos de un pintoresquismo exótico hoy son estudiados y evaluados como posibles modelos de superación a males creados por causas similares a las que padecieran esas bárbaras tierras australes, y que ahora sacuden los pilares del Viejo Continente.

Como siempre, será el tiempo el que diga si esta reconquista de la política como herramienta de transformación e igualdad es capaz de consolidarse y lograr el ansiado regreso al Estado de bienestar.

La nueva apuesta sudamericana a la ilusión, en todo caso, nunca ha tenido tanto aval del frío e imparcial reino de los números.

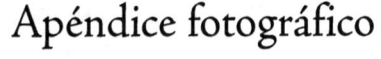

Apéndice fotográfico

EL GENERAL BOLIVARIANO

Marcelo Casal Jr. / Abr.

Hugo Rafael Chávez Frías, el presidente de la República Bolivariana de Venezuela, que desde 2007 puso en marcha su visión del Socialismo del siglo XXI. Aquí, de visita en Brasil, el 27 de junio de 2008.

Franklin Reyes / J.Rebelde

Indígenas de la etnia Wayuu aprenden a leer y escribir con la llamada Misión Robinson, plan de alfabetización instrumentado por el gobierno de Chávez, con materiales del programa Yo sí puedo, elaborado en Cuba.

BRASIL: EL OBRERO PRESIDENTE

Luiz Inácio "Lula" da Silva,
presidente brasileño de 2003 a 2011.

La Habana, 26 de septiembre de 2003. Lula es recibido por
Fidel Castro. A la izquierda y de blanco, camina sonriente Frei
Betto, fraile dominico y asesor presidencial.

El hombre de la Patagonia

Néstor Kirchner pronunciando un discurso en el Congreso
para inaugurar el 125° periodo de sesiones ordinarias,
en marzo de 2007.

Cumbre del Mercosur. Montevideo, Uruguay, septiembre
de 2005. Kirchner fue reconocido como el más hábil
componedor y trazador de políticas dentro del grupo.

El modelo continúa

Cristina Fernández de Kirchner, aquí como Comandante en Jefe de las Fuerzas Armadas.

Junto a Hugo Moyano, titular de la Confederación General del Trabajo, señalando como respaldo y guía a Eva Perón. 20/4/2009.

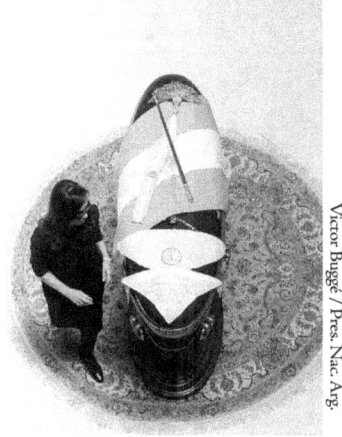

"¡Fuerza, Cristina!" Junto al féretro de Néstor Kirchner, en el Salón de los Patriotas Latinoamericanos del Bicentenario. 28/10/2010.

La voz de la Tierra

Jorge Uzon

Gobierno de Bolivia

Evo Morales. A la izquierda, con un collar de flores y hojas de coca. A la derecha, con sus atributos oficiales.

Carwill/Wikicommons

Junto a Elizabeth Salguero, titular del Ministerio de Cultura, en Chuquisaca, asistiendo al Pujllay, festividad indígena emparentada con el carnaval.

Un economista en la presidencia

Wilson Dias/Ag. Br.

En enero de 2007, Rafael Vicente Correa Delgado asumió
la presidencia de Ecuador. Su lucha contra los monopolios
mediáticos, los centros financieros mundiales y las
clases privilegiadas de su país lo hermanan con los otros
mandatarios del Cono Sur aquí tratados.

M.I. Municipalidad de Guayaquil.

Una interna difícil. Aquí, Correa junto con el alcalde de
Guayaquil, Jaime Nebot, quien por disidencias con el
presidente convocó en 2008 a una marcha opositora que
reunió 300 mil personas.

Las resistencias

Flickr/Guillermo Esteves

Marzo de 2008. En pleno Barrio Norte de la Ciudad de Buenos Aires, las clases media y alta salen a manifestar contra el gobierno argentino durante el conflicto agropecuario. Curiosamente, baten cacerolas vacías, forma de protesta usada en verdaderas épocas de crisis.

Flickr/loco085

Opositores al gobierno de Chávez, principalmente de las clases acomodadas, marchan por las calles céntricas de Caracas en el marco del referéndum de 2007.

Unidad regional

Los presidentes de Ecuador, Bolivia, Argentina, Brasil, Paraguay, Venezuela y Uruguay (éste no incluido en la fotografía) suscriben en Buenos Aires el Acta Fundacional del Banco del Sur, destinado a financiar programas de desarrollo regional. 9/12/2007.

Sobre ruedas. Lula da Silva, Hugo Chávez, Néstor Kirchner (entonces flamante secretario general de UNASUR) y Cristina Fernández de Kirchner dialogan en un micro que los traslada en un alto de la Cumbre Iberoamericana de 2010, en Mar del Plata, Argentina.

Bibliografía

- Arceo, Enrique; Basualdo, Eduardo y Nicolás Arceo; *La crisis mundial y el conflicto del agro*, Buenos Aires: Centro Cultural de la Cooperación-*Página/12*-Universidad Nacional de Quilmes, 2009.

- Basualdo, Eduardo y Miguel Khavisse; *El nuevo poder terrateniente*, Buenos Aires: Planeta, 1993.

- Bobbio, Norberto; *Diccionario de Política*, México: Siglo XXI, 2000.

- Esnal, Luis; "Lula sufrió su primer revés en el Congreso: traban las reformas", Buenos Aires: Diario *La Nación*, 18-7-2003.

- Español, Paula y Germán Herrera; "Argentina 2001. España 2011", Buenos Aires: Periódico *Página/12*, Suplemento Cash, 8-5-2011.

- Flores Monardes, Álvaro; "Gobierno judicial: El caso chileno. La reforma olvidada", Santiago: *Revista de Estudios de la Justicia*, N° 6, 2005.

- Fox, Vicente; *Declaración del Presidente Fox sobre la situación actual en Venezuela*, San José de Costa Rica: Presidencia de la República de México, 2002.

- Giardinelli, Mempo; "El golpe y la torpeza", Buenos Aires: Diario *Página/12*, 15-6-2008.

- Hobsbawm, Eric; *Historia del siglo XX*, Barcelona: Crítica, 1995.

- Irigaray, Magdalena; *Bolivia: una sociedad desbordada*, Buenos Aires: CEDAL, 2003.

- Laclau, Ernesto; "La deriva populista y la centro-izquierda latinoamericana", Santiago de Chile: *Revista de la CEPAL* N° 89, 2006, pp. 56 a 61.

- Lemoine, Maurice; "Laboratorio de la mentira", Santiago de Chile: *Le Monde Diplomatique*, Edición Cono Sur, agosto de 2002.

- Löwy, Michael; *El Marxismo en América Latina: antología, desde 1909 hasta nuestros días*, Santiago de Chile: Lom, 2007.

- Marichal, Carlos; *Las grandes crisis financieras. Una perspectiva global, 1873-2008*, Buenos Aires: Debate, 2009.

- Ramonet, Ignacio; *Fidel Castro, biografía a dos voces*, Buenos Aires: Debate, 2006.

- Ramonet, Ignacio; *La tiranía de la comunicación*, Barcelona: Debate, 1999.

- Rodríguez Lamas, Valeria; "La clase media argentina y el pique-te agropecuario: categorías para una descripción densa", Temuco, Chile: Revista *Perspectivas de la Comunicación*, Vol. 1, N° 2, 2008.
- Rojas, Rosa; "Evo Morales analiza la crisis política de Boli-via con una delegación de la OEA", México: Periódico *La Jorna-da*, 2-4-2008.
- Sarlo, Beatriz; *La audacia y el cálculo. Kirchner 2003-2010*, Buenos Aires: Sudamericana, 2011.
- Sin autor; "Crece el temor a un default en los Estados Uni-dos", Buenos Aires: Periódico *El Argentino*, 9-6-2011.
- Sin autor; *Una visión política y estructural del problema judi-cial*, Buenos Aires: Instituto de Estudios Comparados en Cien-cias Penales y Sociales, 2010.
- Stiglitz, Joseph E.; *Caída libre. El libre mercado y el hundi-miento de la economía mundial*, Buenos Aires: Taurus, 2010.
- Von Mises, Ludwig; *Liberalismo*, Buenos Aires: Unión Edi-torial, 1962.

En la *web*:
- Álvarez, Valentina; "Diputados aprueban propuesta de Lula", *www.paginadigital.com.ar*, 2003.
- Caputo Leiva, Orlando y Graciela Galarce Villavicencio; "Informe fi-nal sobre el TLC CHILE-Estados Unidos", *www.laondadigital.com*, 2011.
- Dieterich, Heinz; "¿Quién hizo fracasar el golpe militar contra Hugo Chávez?", *www.rebelion.org*, 2006.
- Foro Permanente de las Naciones Unidas para las cuestio-nes indígenas: "Misión a Bolivia", *www.un.org/es*
- Sin autor; "James Petras polémico", *www.insurgente.org*, 2010.
- Sin autor: "La oposición de izquierda en la Argentina (ra-zones expuestas)", *www.forocomunista.com*, 27-4-2011.
- Smulovitz, Catalina y Daniela Urribarri; "Poderes Judiciales en América Latina: entre la administración de aspiraciones y la adminis-tración del derecho", *www.plataformademocratica.com.org*, 2008.
- Villamil, Jenaro; "América Latina y las Corporaciones Glo-bales: entre telenovelas y Mickey Mouse, la Concentración Me-diática", *www.jenarovillamil.worlpress.com*, 21-04-2010.
- *www.actualidad.rt.com/economia/global*

Índice

Sudamérica: la nueva centro izquierda, de Jorge Zicolillo,
fue impreso y terminado en mayo de 2012,
en Encuadernaciones Maguntis,
Iztapalapa, México, D. F. Teléfono: 5640 9062.

Realización editorial: Julio Acosta
(julioacostaeditor@hotmail.com.ar)
Corrección: María Soledad Gomez
Interiores: Mariel Mambretti